AF107393

اسلام کی دعوت و تبلیغ

ابو عدنان محمد منیر قمر

(عبدالعزیز بن عبداللہ بن بازؒ کی تالیف کا اردو ترجمہ)

© Abu Adnan Mohd Muneer Qamar

Islam ki Dawat-o-Tableegh

by: Abu Adnan Mohd Muneer Qamar

Edition: July '2023

Publisher & Printer:

Taemeer Publications (Hyderabad, India)

ISBN 978-93-5872-863-7

9 789358 728637

©ابو عدنان محمد منیر قمر

کتاب	:	اسلام کی دعوت و تبلیغ
مصنف	:	ابو عدنان محمد منیر قمر
صنف	:	مذہب
ناشر	:	تعمیر پبلی کیشنز (حیدرآباد، انڈیا)
سالِ اشاعت	:	۲۰۲۳ء
صفحات	:	۶۰
سرورق ڈیزائن	:	تعمیر ویب ڈیزائن

ترتیب

بسم اللہ الرحمن الرحیم

تقدیم

اِنَّ الْحَمْدَ لِلّٰہِ،وَالصَّلٰوۃُ وَالسَّلَامُ عَلٰی رَسُوْلِ اللّٰہ،

اَمَّا بَعْدُ:

قارئینِ کرام !السلام علیکم ورحمۃ اللہ و برکاتہٗ

یہ کتاب الدعو الیٰ اللہ و اخلاق الدعا (دعوت الیٰ اللہ اور داعی کے اوصاف) سماحۃ الشیخ عبدالعزیز بن باز رحمۃ اللہ کی تصنیف ہے۔ موصوف کسی تعارف کے محتاج نہیں۔ دنیائے اسلام آپ کو جانتی پہچانتی ہے۔ وہ سعودی عرب کے مفتیٔ اعظم اور ادارہ دعوت و تبلیغ کے رئیس اعلیٰ رہے ہیں جس کی شاخیں پاکستان، برطانیہ، افریقہ غرضیکہ پوری دنیا میں پھیلی ہوئی ہیں۔

گفتنی

مفتیٔ عالمِ اسلام سماحۃ الشیخ علاّمہ عبدالعزیز بن عبداللہ ابن باز رحمہ اللہ کے قلم ریخ سے نکلے ہوئے ایک اہم ترین مقالے کا اردو ترجمہ آپ کے ہاتھوں میں ہے۔

یہ مقالہ (دعوت الیٰ اللہ) دعوت و تبلیغ دین کی ضرورت و اہمیت اور داعی و مبلّغ کے اوصاف و اخلاق سے متعلق ہے جس میں سماحۃ الشیخ ابن بازؒ نے میدانِ دعوت و ارشاد میں کام کرنے والے دعاۃ و مبلّغین کے لیۓ قرآن و سنت کی روشنی میں ایک اخلاقی معیار مقرر کردیا ہے جس کے بغیر نہ صرف ترویج دین و اشاعتِ اسلام کا عمل بارآور نہیں ہوتا بلکہ تشکیک و تنفیر بڑھ جاتی ہے۔لہٰذا یہ مقالہ علماء کرام اور مبلّغینِ عظام سے خصوصی توجہ کا طالب ہے۔اس رسالہ کا اردو ترجمہ علاّمہ احسان الٰہی ظہیرؒ کے دور میں انکے ماہنامہ ''ترجمان الحدیث'' میں قسط وار شائع ہوا تھا۔

فَجَزَاهُ اللّٰهُ فِی الدَّارَیْنِ وَوَفَّقَنَا وَإِیَّاهُ لِمَافِیْهِ خَیْرُالْمُسْلِمِیْنَ

والسلام علیکم ورحمۃ اللہ وبرکاتہٗ

ابوعدنان محمد منیر قمر نواب الدین
(سابق) مترجم محکمہ شرعیہ، ام القیوین (U.A.E)
ترجمان سپریم کورٹ، الخبر
وداعیہ متعاون، مراکزِ دعوت وارشاد
الدمام، الظہران، الخبر (سعودی عرب)

متحدہ عرب امارت
۱۴/شوال/ ۱۴۰۲ھ
۷/اگست ۱۹۸۲ء

بِسْمِ اللّٰهِ الرَّحْمٰنِ الرَّحِيْمِ

دعوت الی اللہ اور داعی کے اوصاف

اَلْحَمْدُ لِلّٰهِ رَبِّ الْعَالَمِيْنَ وَالْعَاقِبَةُ لِلْمُتَّقِيْنَ وَلَاعُدْوَانَ اِلَّا عَلَی الظَّالِمِيْنَ وَاَشْهَدُ اَنْ لَّا اِلٰهَ اِلَّا اللّٰهُ وَحْدَهُ لَا شَرِيْكَ لَـهُ اِلٰهُ الْاَوَّلِيْنَ وَالْاٰخِرِيْنَ وَقَيُّوْمُ السَّمٰوٰتِ وَالْاَرَضِيْنَ، وَ اَشْهَدُ اَنَّ مُحَمَّداً عَبْدُهُ وَرَسُوْلُهُ وَخَلِيْلُهُ وَاَمِيْنُهُ عَلٰی وَحْيِهِ اَرْسَلَهُ اِلَی النَّاسِ كَافَّةً بَشِيْراً وَّنَذِيْراً وَدَاعِياً اِلَی اللّٰهِ بِاِذْنِهِ وَسِرَاجاً مُّنِيْراً صَلَّی اللّٰهُ عَلَيْهِ وَعَلٰی اٰلِهِ وَاَصْحَابِ الَّذِيْنَ سَارُوْا عَلٰی طَرِيْقَتِهِ فِی الدَّعْوَةِ اِلٰی سَبِيْلِهِ وَصَبَرُوْا عَلٰی ذَالِكَ وَجَاهَدُوْا فِيْهِ حَتّٰی اَظْهَرَ اللّٰهُ بِهِمْ دِيْنَهُ وَاَعْلٰی كَلِمَتَهُ وَلَوْ كَرِهَ الْمُشْرِكُوْنَ وَسَلَّمَ تَسْلِيْماً كَثِيْراً! اَمَّا بَعْدُ:

بے شک اللہ سبحانہٗ وتعالیٰ نے جن وانس کو اس لیے پیدا فرمایا کہ وہ اُس یکہ وتنہا ذاتِ بابرکات کی عبادت کریں، جس کا کوئی شریک نہیں، اُس کے امر ونہی کی تعظیم کریں اور اس کے اسماء وصفات کو پہچانیں۔ جیسا کہ اللہ عزّ وجلّ کا ارشاد ہے:

﴿وَمَا خَلَقْتُ الْجِنَّ وَالْاِنْسَ اِلَّا لِيَعْبُدُوْنَ٥﴾ (الزاریات:٥٦)

''میں نے جن وانس کو اس لیے پیدا کیا ہے تا کہ وہ میری عبادت کریں''

اور ارشادِ باری تعالیٰ ہے:

﴿يٰۤاَيُّهَا النَّاسُ اعْبُدُوْا رَبَّكُمُ الَّذِیْ خَلَقَكُمْ وَالَّذِيْنَ مِنْ قَبْلِكُمْ لَعَلَّكُمْ تَتَّقُوْنَ٥﴾ (البقره:٢١)

''اے لوگو! اپنے رب کی عبادت کرو جس نے تمہیں اور تم سے پہلے لوگوں کو پیدا فرمایا تا کہ تم پرہیزگار بن جاؤ''

اور فرمانِ الٰہی ہے:

﴿اَللّٰهُ الَّذِیْ خَلَقَ سَبْعَ سَمٰوٰتٍ وَّمِنَ الْاَرْضِ مِثْلَهُنَّ یَتَنَزَّلُ الْاَمْرُ بَیْنَهُنَّ لِتَعْلَمُوْٓا اَنَّ اللّٰهَ عَلٰی كُلِّ شَیْءٍ قَدِیْرٌ وَّاَنَّ اللّٰهَ قَدْ اَحَاطَ بِكُلِّ شَیْءٍ عِلْمًا﴾ (سورۃ الطلاق:۱۲)

”اللہ وہ ذات ہے جس نے سات آسمانوں کو اور زمین سے بھی مانند ان کی اترتا ہے حکم اُس کا درمیان ان کے تا کہ تم جان لو کہ اللہ تعالیٰ ہر چیز پر قادر ہے اور یہ کہ اللہ تعالیٰ کا علم ہر چیز پر محیط ہے۔“

ان آیات میں اللہ پاک نے واضح فرما دیا ہے کہ اُس نے مخلوقات کو اِس لیئے پیدا فرمایا تا کہ اُس کی عبادت و تعظیم کی جائے، اور اُس کے اوامر و نواہی کی اطاعت ہو، کیونکہ عبادت دراصل اُس ذاتِ باری تعالیٰ کی توحید و اطاعت اور اُس کے اوامر و نواہی کی تعظیم ہی کا دوسرا نام ہے۔ اور اللہ تعالیٰ نے یہ بھی بیان فرمایا ہے کہ اُس نے ارض و سماء اور اُنکی پہنائیوں کی تمام مخلوقات کو اِس لیئے تخلیق فرمایا ہے تا کہ یہ بات روزِ روشن کی طرح واضح ہو جائے کہ وہ ہر چیز پر قادرِ مطلق ہے۔ اور اُس کا علم ہر شئ پر محیط ہے۔ اِس سے معلوم ہوا کہ مخلوقات کی تخلیق و ایجاد کی ایک حکمت تو یہ ہے کہ اللہ تعالیٰ کی ذاتِ گرامی اسماء صفات کے ساتھ پہچانی جائے، اور یہ کہ وہ ہر چیز پر قادر ہے اور یہ کہ اللہ جلّ وعلا ہر چیز کو جاننے والا ہے۔ اور اِن مخلوقات کی ایجاد کی ایک حکمت یہ بھی ہے کہ وہ اُس کی عبادت کریں۔ اُس کی تقدیم و تقدیس بیان کریں اور اُس کی عظمت و بزرگی کے سامنے فروتنی و انکساری اور عاجزی اختیار کریں، جب کہ عبادت نام ہی اللہ جلّ شانہٗ کے سامنے خشوع و خضوع اور عاجزی و خاکساری اپنانے کا ہے، اور جن احکام و اوامر کو بجالانے اور جن ممنوعات و نواہی کو ترک کرنے پر مبنی وظائف و اعمال کا اللہ تعالیٰ نے جنّ و بشر کو حکم فرمایا ہے، اُن کا نام عبادت صرف اِس لیئے ہی تو رکھا گیا ہے کہ وہ اللہ عزّ وجلّ کے سامنے خشوع و خضوع اور عاجزی و انکساری کے ساتھ بجالائے جاتے ہیں۔

دعوتِ الیٰ اللہ کا نقطۂ آغاز

یہ بات اپنی جگہ ایک اٹل حقیقت ہے کہ جنّ و بشر کی عقلوں کے لیئے یہ ممکن نہیں تھا کہ وہ بذاتِ خود عبادت کی تمام تفصیلات کو معلوم کرسکیں اور یہ بات بھی اُن عقلوں کے لیئے خارج ازامکان تھی کہ وہ اوامر ونواہی میں سے تفصیلی احکام اور جزئیات کی تہہ کو پہنچ سکیں، لہٰذا اللہ سبحانہٗ وتعالیٰ نے انبیاء ورسل علیھم السلام کے سلسلہ کا آغاز فرمایا اور کتابیں نازل کیں تا کہ وہ لوگوں پر اُس امر کو بیان کریں اور اُس کی توضیح وتفصیل سمجھائیں جو کائنات کی تخلیق کا باعث ہوا تا کہ وہ علیٰ وجہ البصیرت ہوکر اللہ تعالیٰ کی عبادت کریں اور اُن امور سے باز رہیں جن سے انہیں روکا گیا ہے۔انبیاء ورسل علیہم الصلوٰۃ والسلام انسانی مخلوق کے ہادی، آئمۂ ہدایت اور ثقلین (جنّ وانس) کو اللہ کی اطاعت وعبادت کی دعوت دینے والے ہیں۔اللہ پاک نے رسول بھیج کر بندوں کو عزت وتکریم بخشی اوران پر رحمت فرمائی اوران کے ہاتھوں جادۂ حق اورصراطِ مستقیم کی وضاحت فرمائی تا کہ لوگ اپنے معاملاتِ دین ودنیا میں روشن دلائل معلوم کرلیں اور کل کلاں کو کوئی شخص یہ نہ کہہ سکے کہ ہمیں کیا معلوم کہ اللہ نے ہم سے کیا مطالبہ کیا، کیونکہ ہمارے پاس کوئی کوشخبری دینے اور ڈرانے والا (نبی ورسول) تو آیا ہی نہیں لہٰذا اللہ پاک نے انبیاء ورسل بھیج کر اور آسمان سے کتابیں نازل فرما کر ان کا عذر ختم کردیا۔

جیسا کہ اللہ جلّ وعلا نے ارشاد فرمایا ہے:

﴿وَلَقَدْ بَعَثْنَا فِیْ کُلِّ اُمَّةٍ رَّسُوْلًا اَنِ اعْبُدُوْا اللّٰهَ وَاجْتَنِبُوْا الطَّاغُوْتَ﴾ (سورۃ النحل:۳۶)

’’ہم نے ہر ایک امت میں ایک ایک رسول بھیجا (جو دعوت دیتا تھا) کہ اللہ کی عبادت کرو اور طاغوت (معبودانِ باطلہ) کی پرستش سے اجتناب کرو ‘‘

اور ارشادِ ربانی ہے:

﴿وَمَا اَرْسَلْنَا مِنْ رَّسُوْلٍ اِلَّا نُوْحِیْ اِلَیْهِ اَنَّهٗ لَا اِلٰهَ اِلَّا اَنَا فَاعْبُدُوْنِ۰﴾   (سورۃ الانبیاء:۳۵)

''ہم نے کوئی رسول نہیں بھیجا سوائے اس کے کہ اس کی طرف وحی سے پیغام بھیجا کہ میرے (یعنی اللہ کے) سوا کوئی معبود نہیں، پس میری ہی عبادت کرو۔''

اور ارشادِ باری تعالیٰ ہے:

﴿لَقَدْ اَرْسَلْنَا رُسُلَنَا بِالْبَیِّنَاتِ وَاَنْزَلْنَا مَعَهُمُ الْکِتَابَ وَالْمِیْزَانَ لِیَقُوْمَ النَّاسُ بِالْقِسْطِ﴾   (سورۃ الحدید:۲۵)

''ہم نے اپنے پیغمبروں کو ظاہر دلیلوں کے ساتھ بھیجا، اور اُن کے ساتھ کتاب اور میزان (قواعدِ عدل) اتارے، تا کہ لوگ عدل و انصاف پر قائم رہیں۔''

اور ارشادِ ربانی ہے:

﴿کَانَ النَّاسُ اُمَّةً وَّاحِدَةً فَبَعَثَ اللّٰهُ النَّبِیّٖنَ مُبَشِّرِیْنَ وَمُنْذِرِیْنَ وَاَنْزَلَ مَعَهُمُ الْکِتَابَ بِالْحَقِّ لِیَحْکُمَ بَیْنَ النَّاسِ فِیْمَا اخْتَلَفُوْا فِیْهِ﴾   (سورۃ البقرہ: ۲۱۳)

''لوگ ایک ہی اُمت تھے، اللہ تعالیٰ نے بشارت دینے اور ڈرانے والے انبیاء بھیجے اور ان کے ساتھ کتاب نازل فرمائی تا کہ وہ لوگوں کو مختلف فیہ امور میں فیصلہ کرے۔''

ان آیات میں اللہ سبحانہٗ وتعالیٰ نے بیان فرمایا ہے کہ اُس نے رسول بھیجے اور کتابیں

نازل فرمائیں تا کہ لوگوں کے درمیان حق وانصاف کے ساتھ فیصلے کریں اوران کے ہاں توحیدِ باری تعالیٰ، شریعتِ الٰہیہ اور عقائد میں جو اختلافات پائے جاتے ہیں ان کی وضاحت کریں۔

اللہ تعالیٰ کا ارشاد ہے:

﴿كَانَ النَّاسُ اُمَّةً وَّاحِدَةً﴾

''لوگ ایک امت تھے۔''

اس کا مطلب یہ ہے کہ وہ سب حق پر تھے اور ابوالبشر حضرت آدم علیہ السلام کے عہدِ حیات سے لے کر آدمِ ثانی حضرت نوح علیہ السلام تک ان میں کسی قسم کا کوئی اختلاف نہ تھا، بلکہ وہ سب راہِ ہدایت پر تھے، جیسا کہ ترجمان القرآن حضرت عبداللہ بن عباس رضی اللہ عنہما اور سلف وخلف کی ایک جماعت کا قول ہے۔ پھر قومِ نوح علیہ السلام میں شرک واقع ہوا، وہ باہمی اختلافات کا شکار ہوگئے اور ان پر اللہ تعالیٰ کے جو حقوق واجب تھے اُن کے متعلق بھی ان میں اختلافات پیدا ہوگئے۔ جب ان میں شرک اور اختلافات نے راہ پالی تو اللہ تعالیٰ نے حضرت نوح علیہ السلام کو رسول بنا کر بھیجا اور ان کے بعد بھی یہ سلسلہ جاری رہا۔ جیسا کہ ارشادِ رب العزّت ہے:

﴿اِنَّا اَوْحَيْنَا اِلَيْكَ كَمَا اَوْحَيْنَا اِلٰى نُوْحٍ وَّالنَّبِيّٖنَ مِنْۢ بَعْدِهٖ﴾

(سورة النسآء: ١٦٣)

''ہم نے آپ (صلی اللہ علیہ وسلم) کی طرف وحی کی جیسا کہ نوح (علیہ السلام) اور اُن کے بعد آنے والے انبیاء کی طرف وحی کی تھی۔''

اور ارشادِ ربّانی ہے:

﴿وَمَا اَنْزَلْنَا عَلَيْكَ الْكِتٰبَ اِلَّا لِتُبَيِّنَ لَهُمُ الَّذِى اخْتَلَفُوْا فِيْهِ وَرَحْمَةً لِّقَوْمٍ يُّؤْمِنُوْنَ﴾ (سورة النحل: ٦٤)

''ہم نے نہیں اتاری آپ (صلی اللہ علیہ وسلم) کی طرف یہ کتاب، سوائے اس لیے

کہ آپ ان کے مختلف فیہ امور میں انکے لیئے وضاحت کریں اور یہ ایمان
والی قوم کے لیئے رحمت ہے۔''

اللہ تعالیٰ نے آسمان سے کتابِ مقدّس نازل فرمائی تاکہ وہ لوگوں کے مابین پائے جانے والے اختلافات میں حکمِ الٰہی بیان کرے اور وہ لوگ جن امور سے جہالت میں مبتلا ہیں ان کے متعلق شریعتِ الٰہیہ کے احکام بتائے اور لوگوں کو شریعت کے التزام اور حدودُ اللہ کے قیام کا حکم دے، اور وہ امور جو ان کے حق میں فی الوقت یا بدتر مضرّت رساں ہیں، ان سے انہیں روکے۔

اس سلسلۂ انبیاء ورسل کی آخری کڑی جو اپنے ماسبق تمام انبیاء ورسل سے افضل اور انکے امام و سردار ہمارے نبی و امام حضرت محمد بن عبداللہ ﷺ ہیں جن پر آکر اللہ نے اس سلسلہ کو ختم کردیا۔

حضرت محمدِ مصطفیٰ ﷺ اور تمام انبیاء کرام پر اللہ تعالیٰ کی افضل ترین رحمتیں اور لاکھوں سلام ہوں۔

دعوت و تبلیغ میں ایذائیں

اور صبر و استقلال

نبی اکرم ﷺ نے اللہ کا پیغام لوگوں کو پہنچایا، امانتِ الٰہیہ کو ادا کیا۔ امت سے خیر خواہی کی لوگوں کو اللہ کی توحید سکھلانے کے لیئے بھرپور کوشش کر کے جہاد کا حق ادا کردیا۔ لوگوں کو اللہ کی طرف خفیہ و اعلانیہ دعوت دی اور اللہ کی راہ میں شدید اذیّتیں برداشت کیں، مگر صبر و استقلال کا دامن ہاتھ سے نہ چھوڑا جیسا کہ آپ ﷺ سے پہلے رسولوں نے صبر و ضبط سے کام لیا تھا۔

آپ ﷺ نے اللہ کا پیغام لوگوں تک پہنچایا جیسا کہ پہلے رسولوں نے پہنچایا تھا۔لیکن آپ ﷺ سب سے زیادہ ستائے اور ایذائیں پہنچائے گئے۔آپ ﷺ نے سب سے زیادہ صبر وہمت کا مظاہرہ کیا اور بارِ رسالت کو پہلے تمام رسولوں کی نسبت زیادہ حسن وخوبی سے اٹھایا۔ عَلَیْهِ وَعَلَیْهِمُ الصَّلٰوةُ وَالسَّلَامُ۔

آپ ﷺ نے تیئس (۲۳) سال پیغمبرانہ زندگی گزاری جس میں آپ ﷺ پیغامِ الٰہی کو لوگوں تک پہنچاتے ،لوگوں کو اللہ کی طرف دعوت دیتے اور بلاتے رہے اور احکامِ الٰہی کی نشر واشاعت میں لگے رہے۔اس تیئس (۲۳) سالہ عہدِ رسالت کے ابتدائی (۱۳) سال تو ام القریٰ۔مکہ مکرّمہ۔ میں دعوت الی اللہ کا فریضہ سرانجام دیا جو پہلے تو خفیہ طور پر ہوتا ، پھر کھلم کھلا اور ببانگ دہل اعلانِ حق فرمانے لگے۔تب اذیّتیں پہنچائے گئے مگر آپ ﷺ نے لوگوں کی ایذاؤں پر صبر کیا اور میدانِ دعوت میں آپ ﷺ کے پائے ثبات میں سرِ مُو لرزش نہ آئی۔

وہ لوگ آپ ﷺ کی صدق کلامی اور امانت داری کے معترف اور آپ ﷺ کی ذاتی فضیلت ، عالی حسب ونسب اور خاندانی مقام ومنزلت کے واقف اور قائل تھے۔مگر سردارانِ قبائل کو سرداری وسربراہی کی ہوس ،آتش حسد اور بغض وعناد لے ڈوبے۔ اور عوام النّاس کی طرف سے ایذاء رسانی کا سبب ان کی جہالت وضلالت اور اپنے سرداروں کی تقلید تھی۔اکابر نے آپ ﷺ کی دعوت کا انکار اپنی سرداری پر فخر وتکبّر اور آپ ﷺ سے حسد کی بناء پر کیا۔اور عوام نے اُن کی تقلید وپیروی کی اور آپ ﷺ سے دشمنی وبُرائی پر اُتر آئے ، یہی وجہ ہے کہ نبی ﷺ سخت تکلیفیں اور شدید اذیّتیں پہنچائے گئے۔

اکابرین سرداروں نے حق کو پہچان تو لیا، مگر عناد کی وجہ سے اطاعت نہ کی۔اِس حقیقت پر یہ ارشادِ الٰہی دال ہے:

﴿قَدْ نَعْلَمُ اِنَّهٗ لَيَحْزُنُكَ الَّذِیْ يَقُوْلُوْنَ فَاِنَّهُمْ لَايُكَذِّبُوْنَكَ وَلٰكِنَّ الظّٰلِمِيْنَ بِاٰيٰتِ اللّٰهِ يَجْحَدُوْنَ٥﴾ (سورۃ الانعام:۳۳)

''ہم جانتے ہیں کہ ان کی باتیں آپ (ﷺ) کوغمگین کرتی ہیں، وہ آپ (ﷺ) کونہیں جھٹلاتے بلکہ وہ ظالم تو اللہ کی نشانیوں کا انکار کرتے ہیں۔''

یہاں اللہ پاک نے واضح فرمادیا ہے کہ وہ رسولُ اللہ ﷺ کی تکذیب نہیں کرتے تھے، بلکہ درباطن وہ آپ ﷺ کی صداقت وصفائی کے معترف اور آپ ﷺ کی امانت ودیانت سے واقف تھے، یہاں تک کہ نزولِ وحی سے قبل وہ خود آپ ﷺ کو''امین'' کے نام سے پکارا کرتے تھے۔مگرانہوں نے نبی ﷺ کے ساتھ حسد وبغاوت کی بناء پرحق کا انکار کیا۔

آپ ﷺ نے اس بات کوخورِ اعتناء نہ سمجھا بلکہ پورے حوصلہ واستقامت کے ساتھ رضائے الٰہی کے حصول کی خاطر اپنے مشن میں لگے رہے،لوگوں کواللہ جلّ وعلا کی طرف مسلسل بلاتے رہے،اوراُن کی اذیتّوں پرصبر وہمت سے کام لیا۔دعوت کے لیئے پیہم کوشاں رہے، ایذاؤں سے بچتے، برداشت کرتے اورحسب الامکان ایذاء رساں دشمنوں کو معاف کرتے رہے۔ یہاں تک کہ معاملہ انتہائی شدّت اختیار کرگیا،اورانہوں نے نبی اکرم ﷺ کو قتل کرنے کا ارادہ کرلیا۔تب اللہ تعالیٰ نے آپ ﷺ کومدینہ منوّرہ کی طرف ہجرت کرجانے کاحکم دےدیا تو نبی ﷺ ہجرت کرکے مدینہ منوّرہ تشریف لے گئے، یوں مدینہ منوّرہ اسلام کا پہلا''دارالخلافہ''بن گیا۔ وہاں اللہ کے دین کوغلبہ حاصل ہوا اورمسلمانوں کی حکومت وقوّت وجود میں آگئی۔

نبی علیہ الصلوٰۃ والسلام نے دعوت کومسلسل جاری رکھا اورحق کی وضاحت کرتے رہے،اور جہاد بالسیف بھی شروع کردیا۔مختلف روساءقبائل اورسرداروں کی طرف قاصد بھیجے جو

لوگوں کو خیر و ہدایت کی طرف دعوت دیتے۔ آپ ﷺ نے مختلف اطراف میں متعدد چھوٹے چھوٹے لشکر روانہ کیۓ اور مشہور و معروف غزوات اور جنگیں بھی کیں، یہاں تک کہ آپ ﷺ کے ہاتھوں اللہ تعالیٰ نے اپنے دین کو غلبہ عطا فرمایا۔ آپ ﷺ کے ذریعے ہی اُس نے اپنے دین کو مکمل کیا اور آپ ﷺ کی اُمت پر اپنی نعمت کی تکمیل کی۔ اور جب اللہ تعالیٰ نے آپ ﷺ کے ہاتھوں دین کی تکمیل کر لی اور نبی ﷺ نے شریعتِ غرّاء کو اپنی اُمت تک پہنچا دیا تو پھر آپ ﷺ وفات پا گئے۔

دعوتِ الیٰ اللہ

دورِ صحابہ رضی اللہ عنہم میں

رسول اللہ ﷺ کے بعد یہ بارِ امانت صحابہ کرام رضوان اللہ علیہم اجمعین نے اٹھایا۔ وہ بھی نبی ﷺ کی راہ پر چلے۔ اللہ جلّ جلالہٗ کا نام لیا اور پورے کرّۂ ارضی پر پھیل گئے درآنحالیکہ وہ حق کے داعی اور اللہ کی راہ کے مجاہد تھے اور دعوت الی اللہ کے معاملے میں کسی لومۃ لائم سے خوفزدہ نہ ہوتے تھے۔

﴿یُبَلِّغُوْنَ رِسٰلٰتِ اللّٰهِ وَیَخْشَوْنَهٗ وَلَا یَخْشَوْنَ اَحَدًا اِلَّا اللّٰهَ﴾

(سورۃ الاحزاب:۳۹)

''وہ اللہ کا پیغام لوگوں کو پہنچاتے اور اس سے ڈرتے تھے۔''

وہ غازی و مجاہدین، ہدایت یافتہ داعیانِ الیٰ اللہ اور صالحین و مصلحین بن کر چار دانگِ عالم میں منتشر ہوگئے۔ اللہ کے دین کو پھیلاتے اور شریعتِ الٰہیہ کی تعلیم دیتے

گئے۔لوگوں کو وہ عقیدہ سکھلاتے جو اللہ نے پیغمبروں کو دے کر مبعوث فرمایا تھا۔وہ عقیدہ ہے اللہ وحدہٗ لاشریک کی مخلصانہ عبادت اور اس کے سوا تمام اشجار و احجار اور اصنام وغیرہ معبدانِ باطلہ کی عبادت کو چھوڑ دینا، اور یہ کہ الٰہِ واحد کے سوا کسی کو پکارا نہ جائے، نہ اس کے سوا کسی سے مدد طلب کی جائے، نہ اُس کی شریعت کے سوا کسی خودساختہ شریعت کو حَکم و فیصل قرار دیا جائے، نہ اللہ کے سوا کسی کے لیئے نماز پڑھی جائے اور نہ ہی اُس کے سوا کسی کے نام کی نذر مانی جائے، ایسے ہی عبادت کی کوئی بھی قسم اللہ کے سوا کسی دوسرے کے لیئے نہ بجالائے۔

صحابہ کرام ﷺ نے لوگوں پر یہ بھی واضح فرمایا کہ عبادت صرف اللہ تعالیٰ کا حق ہے، اور اس سلسلہ میں نازل شدہ قرآنی آیات بھی لوگوں کو سنائیں، مثلاً ارشادِ الٰہی ہے:

﴿يَآاَيُّهَا النَّاسُ اعْبُدُوْارَبَّكُمُ الَّذِىْ خَلَقَكُمْ وَالَّذِيْنَ مِنْ قَبْلِكُمْ لَعَلَّكُمْ تَتَّقُوْنَ٥﴾ (سورة البقره:٢١)

''اے لوگو! اپنے رب کی عبادت کرو جس نے تمہیں اور تم سے پہلے لوگوں کو پیدا فرمایا تاکہ تم پرہیزگار بن جاؤ۔''

﴿وَقَضىٰ رَبُّكَ اَلَّا تَعْبُدُوْا اِلَّا اِيَّاهُ﴾ (سورة بني اسرآئيل:٢٣)

''اور آپ کے رب نے فیصلہ کر دیا ہے کہ تم اس کے سوا کسی دوسرے کی عبادت مت کرو۔''

﴿اِيَّاكَ نَعْبُدُ وَاِيَّاكَ نَسْتَعِيْنُ٥﴾ (سورة الفاتحه:٥)

''ہم تیری ہی عبادت کرتے اور صرف تجھی سے مدد طلب کرتے ہیں۔''

﴿فَلَا تَدْعُوْا مَعَ اللّٰهِ اَحَدًا٥﴾ (سورة الجنّ:١٨)

''اللہ کے سوا کسی دوسرے کو مت پکارو۔''

﴿قُلْ اِنَّ صَلوٰتِىْ وَنُسُكِىْ وَمَحْيَاىَ وَمَمَاتِىْ لِلّٰهِ رَبِّ الْعَالَمِيْنَ ٥

لَاشَرِیْکَ لَهٗ وَبِذٰلِكَ اُمِرْتُ وَاَنَا اَوَّلُ الْمُسْلِمِیْنَo﴾

(سورة الانعام:۱۶۲-۱۶۳)

’’کہہ دیجیئے کہ میری نماز، دیگر عبادتیں اور موت وحیات اللہ رب العالمین کے لیئے ہے، اُس کا کوئی شریک نہیں اور مجھے اسی بات کا حکم دیا گیا ہے اور میں پہلا مسلمان ہوں۔‘‘

راہِ دعوت وتبلیغ میں پہنچنے والی ایذاؤں پر صحابہ رضوان اللہ علیہم اجمعین نے صبرِ عظیم کا مظاہرہ کیا، اور اللہ کی راہ میں شدید وطویل جہاد کیا، اللہ تعالیٰ اُن سب سے راضی ہوا اور انہیں راضی کرے۔

دعوتِ الیٰ اللہ

دورِ تابعین وتبع تابعین میں

اس میدانِ دعوت وارشاد میں پیغمبرِ اسلام ﷺ اور صحابہ کرام رضوان اللہ علیہم اجمعین کے نقشِ قدم پر ہی عرب وغیر عرب سے آئمۂ ہدایت، تابعین اور تبع تابعین بھی چلے۔ دعوت وتبلیغ کی ذمہ داری انہوں نے اٹھالی۔ اس بارِ امانت کو اٹھانے کے بعد انہوں نے اس کی ادائیگی کا حق ادا کردیا۔ جہاد فی سبیل اللہ میں صدق وصبر اور اخلاص کا مظاہرہ کرتے ہوئے ہر اُس شخص سے قتال کیا جو اللہ کے دین سے مرتد ہوگیا اور لوگوں کو بھی اس کی راہ اور جادہ حق سے روکا۔ اور وہ ذمّی جن پر اسلام نے جزیہ فرض کیا انہوں نے جب وہ ادا نہ کیا تو ان سے بھی جنگ وجہاد کیا۔ وہ رسول اللہ ﷺ کے بعد حاملینِ دعوت اور آئمۂ ہدایت تھے۔ تابعین وتبع تابعین اور تمام آئمۂ ہدایت اس راہ پر گامزن رہے، جیسا کہ گذشتہ سطور میں مذکور ہوا ہے۔ صبر آزما مرحلوں سے حوصلہ وہمّت کے ساتھ گذرتے گئے، حتّٰی کہ اللہ کا دین پھیلتا چلا گیا اور اسکا

کلمہ بلند سے بلند تر ہوتا گیا۔ یہ کام صحابہ کرام ﷢، اُن کے اہلِ علم وایمان اور عرب وعجم کے تابعینِ عظام کے ہاتھوں ہوا جن میں سے کوئی تو اس جزیرۂ عرب کے شمال سے تھا تو کوئی اس کے جنوب سے۔ اس جزیرۂ عرب کے علاوہ پورے عالم کے کونے کونے سے وہ تمام لوگ اس کام میں شامل ہوئے جن کی قسمت میں اللہ نے یہ سعادت لکھی ہوئی تھی۔ وہ تمام صاحبِ سعادت اور بیداد بخت لوگ اللہ کے دین میں داخل ہوئے، دعوت وارشاد کے کام میں شریک ہوئے، انہوں نے جہاد کیا، اوراس راہ میں پیش آنے والی شدتوں اور بلاء خیز مصائب پر صبر کیا۔ اُن کے صبر وہمت، ایمان وایقان اور جہاد فی سبیل اللہ کی بدولت پوری دنیا کی سیادت وقیادت نے ان کے قدم چومے۔ انکے حق میں بنی اسرآئیل کے بارے میں مذکور یہ ارشادِ حقیقت بنیاد صادق آیا:

﴿وَجَعَلْنَا مِنْهُمْ آئِمَّةً يَّهْدُوْنَ بِاَمْرِنَا لَمَّا صَبَرُوْاوَكَانُوْابِآيٰتِنَا يُوْقِنُوْنَ۝﴾ (سورۃ السجدہ: ۲۴)

’’اور ہم نے اُن میں سے پیشوا بنائے، وہ ہمارے حکم کے ساتھ ہدایت کرتے تھے۔ جب وہ صبر کرتے تھے۔ اور وہ ہماری نشانیوں پر یقین رکھتے تھے۔‘‘

یہ آیت اصحابِ رسول ﷺ اور اُن کے نقش قدم پر چلنے والے لوگوں پر صادق آتی ہے۔ وہ سب آئمہ وہادیانِ دین اور داعیانِ حق بن گئے اور ایسے اکابرین کی شکل میں دنیا کے سامنے آئے کہ ان کے صبر ویقین کی وجہ سے ان کی اقتداء واطاعت کی جاتی ہے، بلاشبہ صبر ویقین کی بدولت آپ بھی دین میں امامت و پیشوائی کے بلند مرتبہ پر فائز ہوسکتے ہیں۔ رسول اللہ ﷺ کے صحابہ ﷢ اور موجودہ دور تک آپ ﷺ کی پُر خلوص اطاعت کرنے والے لوگ آئمہ وپیشوا، ہادی ورہنما اور راہِ حق کے قائد ہیں۔ اِس سے ہر جویائے علم پر

یہ بات روزِ روشن کی طرح عیاں ہوجاتی ہے کہ دعوت الیٰ اللہ نہایت اہم کام ہے اور امتِ اسلامیہ ہر زمانہ اور ہر مقام پر اسکی محتاج ہے، بلکہ بلا تخصیصِ زمان و مکان اُسے دعوت کی شدید ضرورت ہے۔

دعوت الیٰ اللہ کے اجزاء

دعوتِ الی اللہ عزّ وجل سے متعلقہ کلام کو درجِ ذیل امور میں تقسیم کر کے بیان کیا جاسکتا ہے۔

❶ دعوت الیٰ اللہ کی شرعی حیثیّت۔

❷ دعوت الیٰ اللہ کی فضیلت۔

❸ دعوت کی کیفیتِ ادا اور اسکا اسلوب۔

❹ اس امر کا بیان جس کی طرف دعوت دی جائے۔

❺ مطلوب و مقصودِ دعوت۔

❻ اُن صفات و اخلاق کا بیان جن سے متّصف ہونا ایک داعی کے لیئے ازبس ضروری ہے۔

اب ہم اللہ سے مدد طلب کرتے ہوئے اور اُسی پر بھروسہ کر کے اِن چاروں امور کی تفصیل بیان کرتے ہیں جب کہ اللہ سبحانہٗ وتعالیٰ ہی معین و مددگار ہے اور اپنے بندوں کو توفیق بخشنے والا ہے۔

① دعوت الٰی اللہ کی شرعی حیثیّت

عملِ دعوت وارشاد کے حکم اوراس کی شرعی حیثیّت پر کتاب وسنت کے دلائل شاہد ہیں کہ یہ ایک واجب اورنہایت اہم فرائض میں سے ہے۔ اِس بات کے دلائل بکثرت ہیں جن میں سے ہی ارشادِ الٰہی ہے:

﴿وَلْتَكُنْ مِّنْكُمْ اُمَّةٌ يَّدْعُوْنَ اِلَى الْخَيْرِ وَيَاْمُرُوْنَ بِالْمَعْرُوْفِ وَيَنْهَوْنَ عَنِ الْمُنْكَرِ وَاُولٰٓئِكَ هُمُ الْمُفْلِحُوْنَ۝﴾

(سورۃ آل عمران:۱۰۴)

’’تم میں سے ایک جماعت ایسی ہونی چاہیئے جو بھلائی کی طرف دعوت دے اوراچھے کاموں کا حکم کرے اور برے کاموں سے روکے اور وہی کامیابی پانے والے ہیں۔‘‘

اورارشادِ ربّانی ہے:

﴿اُدْعُ اِلٰى سَبِيْلِ رَبِّكَ بِالْحِكْمَةِ وَالْمَوْعِظَةِ الْحَسَنَةِ وَجَادِلْهُمْ بِالَّتِيْ هِيَ اَحْسَنُ﴾ (سورۃ النحل:۱۲۵)

’’راہِ حق کی طرف حکمت اور نیک نصیحت کے ساتھ دعوت دواور بہتر چیز کے ساتھ اُن سے جھگڑا (مناظرہ) کرو۔‘‘

ارشادِ باری تعالیٰ ہے:

﴿وَادْعُ اِلٰى رَبِّكَ وَلَا تَكُوْنَنَّ مِنَ الْمُشْرِكِيْنَ۝﴾

(سورۃ القصص:۸۷)

’’اپنے رب کی طرف دعوت دواور مشرکین میں سے مت ہو۔‘‘

اُن دلائل میں سے ہی یہ فرمانِ رب العزت بھی ہے:

﴿قُلْ هٰذِهٖ سَبِيْلِيْٓ اَدْعُوْٓا اِلَى اللّٰهِ عَلٰى بَصِيْرَةٍ اَنَا وَمَنِ اتَّبَعَنِيْ﴾
(سورة یوسف:۱۰۸)

’’کہہ دیجیئے کہ یہ میری راہ ہے، میں اور میری اتّباع کرنے والے علی وجہِ البصیرت اللہ کی طرف دعوت دیتے ہیں۔‘‘

اس آیت میں اللہ تعالیٰ نے واضح فرمادیا ہے کہ رسول اللہ ﷺ کی اتباع واطاعت کرنے والے وہ لوگ ہیں جو دعوت الی اللہ کے میدان میں مصروف عمل ہیں اور وہی اصحابِ بصیرت بھی ہیں۔ یہ بات معروف ہے کہ ہم سب پر واجب ہے کہ ہم نبی اکرم ﷺ کی اتباع کریں اور آپ ﷺ ہی کے طریقہ پر چلیں۔ جیسا کہ ارشادِ الٰہی ہے:

﴿لَقَدْ كَانَ لَكُمْ فِيْ رَسُوْلِ اللّٰهِ اُسْوَةٌ حَسَنَةٌ لِّمَنْ كَانَ يَرْجُوا اللّٰهَ وَالْيَوْمَ الْاٰخِرَ وَذَكَرَ اللّٰهَ كَثِيْرًا﴾ (سورة الاحزاب:۲۱)

’’رسول اللہ (ﷺ) میں تمہارے لیئے بہترین نمونہ ہے، اُس شخص کے لیئے کہ جو اللہ اور یومِ قیامت کی امید رکھتا ہے۔‘‘

علماءِ کرام نے صراحت فرمائی ہے کہ وہ ممالک جہاں دعاۃ و مبلّغین کام کر رہے ہوں، اُن ممالک میں تو عملِ دعوت الی اللہ عزّ وجلّ فرضِ کفایہ ہے۔ بلاشبہ ہر ملک اور ہر خطّۂ ارض دعوت وارشاد کی سرگرمیوں کا محتاج ہے۔ اور جب وہاں کافی حد تک دعاۃ موجود ہوں تو باقی لوگوں سے یہ فرض تو ساقط ہو جاتا ہے، البتہ ان کے لیئے دعوت کے میدان میں کام کرنا سنّتِ مؤکّدہ اور بہت بڑے عمل صالح کا درجہ اختیار کر جاتا ہے۔

اگر کسی ملک یا مخصوص علاقے میں صحیح طور پر دعوت کا کام جاری نہ ہو اور گناہ عام ہونے لگیں تو وہاں ہر انسان کا فرض ہے کہ بقدرِ امکان اور حسبِ استطاعت تبلیغ ودعوت کے کام میں حصہ لے۔ عام ممالک میں یہ چیز اشدّ ضروری ہے کہ وہاں ایک ایسی جماعت ہو جسکا فرضِ

منصبی آباد علاقوں میں لوگوں کواللہ کی طرف دعوت دینا ہو، وہ ہرممکن طریقے سے لوگوں تک اللہ کا پیغام پہنچائیں، اوراس کے احکام کی وضاحت کریں۔خود رسول اللہ ﷺ نے بادشاہوں اور مختلف قبائل کے سرداروں کی طرف قاصدین ودعاۃ بھیجے اورانہیں دعوتی وتبلیغی خط لکھے، جن میں ان کو اللہ تعالیٰ کی طرف بلایا گیا تھا۔

ہمارے موجودہ دور میں اللہ تبارک وتعالیٰ نے دعوت کے کام کوانتہائی آسان فرمادیا ہے اور بکثرت ایسے نئے نئے طریقے ایجاد ہو چکے ہیں، جو پہلے موجود نہ تھے۔دعوت الی اللہ کے امور، آج مختلف جدید طریقے ایجاد ہوجانے کی وجہ سے نہایت آسان ہو چکے ہیں، اور لوگوں پر حجّت قائم کرنے کے لیئے طرح طرح کے ذرائع ابلاغ اور اور وسائل مثلاً ٹیلیویژن، ریڈیو، اخبارات ورسائل اور دیگر مختلف انداز (سیٹلائیٹ چینلز اور انٹرنیٹ وغیرہ) ممکن ہیں، لہٰذا اہلِ علم، اصحابِ ایمان اور خلفاء ووارثانِ مسندِ رسول ﷺ پر واجب ہے کہ وہ شانہ بشانہ ہوکراس فریضہ کوادا کریں۔اللہ کے بندوں کواللہ کا پیغام پہنچائیں، اللہ کی طرف دعوت دینے کے معاملہ میں کسی لَومة لائم سے نہ ڈریں اوراس سلسلہ میں کسی بڑے وچھوٹے اورامیر وغریب کی پرواہ نہ کریں بلکہ اللہ کے پیغام کواُسی طرح اُس کے بندوں تک پہنچائیں جس طرح اللہ نے نازل ومشروع کیا ہے۔

جب آپ کسی ایسے مقام پر رہائش پذیر ہیں جہاں دعوت وتبلیغ کا میدان بالکل خالی پڑا ہے، کوئی ایک شخص بھی امر بالمعروف اورنہی عن المنکر کی ذمّہ داری پوری نہیں کر رہا تو وہاں پر آپ کے حق میں یہ کام کرنا فرضِ عین ہے۔اوراگرآپ کسی ایسے علاقے میں ہیں جہاں آپ کے سوا کوئی شخص موجود نہیں جس میں اتنی قوت وسکت ہو کہ یہ کام سرانجام دے سکے اور شریعتِ الٰہیّہ کی تبلیغ کرسکے تو آپ پر واجب ہے کہ اس ذمہ داری کوخود اٹھائیں۔ہاں اگرکوئی ایسا شخص موجود ہو جو دعوت وتبلیغ اورامر ونہی کے کام کونباہ رہا ہوتو ایسے وقت میں آپ کے لیئے یہ عملِ

دعوت و تبلیغ سنّت کے درجہ تک رہ جائے گا۔ اگر آپ پھر بھی اس کام کو گرم جوشی، شوق و ذوق اور بھر پور توجہ کے ساتھ سرانجام دیتے ہیں تو آپ کا شمار بھلائیوں میں جوش وجذبہ کے ساتھ حصّہ لینے اور اطاعت میں سبقت کرنے والوں میں ہوگا۔

دعوت کے فرضِ کفایہ ہونے کی دلیل وحجت اس ارشادِ الٰہی سے لی گئی ہے۔

﴿وَلْتَكُنْ مِّنْكُمْ أُمَّةٌ يَّدْعُوْنَ إِلَى الْخَيْرِ وَيَأْمُرُوْنَ بِالْمَعْرُوْفِ وَيَنْهَوْنَ عَنِ الْمُنْكَرِ وَأُولٰٓئِكَ هُمُ الْمُفْلِحُوْنَo﴾

(سورۃ آل عمران: ۱۰۴)

’’تم میں سے ایک جماعت ایسی ہونی چاہیئے جو بھلائی کی طرف دعوت دے، اچھے کاموں کا حکم کرے، اور برے کاموں سے روکے، اور وہی کامیابی پانے والے ہیں۔‘‘

حافظ ابن کثیرؒ نے اس آیت کی تفسیر کے دوران جو بحث کی ہے وہ کچھ یوں ہے:

’’آپ میں سے ایک ایسا گروہ ہونا چاہیئے جو اس امرِ عظیم ’’دعوت و تبلیغ‘‘ کو اپنا نصب العین بنائے، لوگوں کو اللہ کی طرف بلائے، اُس کے دین کو پھیلائے اور اللہ تعالیٰ کی شریعت کی تبلیغ کرے۔ اگرچہ کہ یہ کام اُمت کے ہر شخص کے حسبِ حال اُس پر واجب ہے۔‘‘[۲]

یہ بات بھی معروف ہے کہ رسول اللہ ﷺ نے لوگوں کو دعوت دی اور مکہ مکرّمہ میں اس کام کو حسبِ ہمّت واستطاعت سرانجام دیا۔ صحابہ کرام رضوان اللہ علیہم اجمعین نے بھی حتی المقدور محنت کی۔ پھر جب انہوں نے ہجرت کی تو پہلے کی نسبت زیادہ گرمجوشی اور لگن سے دعوت وتبلیغ میں مصروف ہوگئے۔ اور جب رسولِ اکرم ﷺ کی وفات کے بعد صحابہ کرام رضوان اللہ

[۲] تفسیر ابن کثیر ۱/۳۳۵ دار القلم بیروت

علیہم اجمعین مختلف ممالک میں پھیلے تو انہوں نے حسبِ طاقت اور بقدرِ علم اس عملِ دعوت کو جاری رکھا۔

جب داعیانِ الٰی اللہ کی کمی، برائیوں کی کثرت اور جہالت کا زور ہو جیسا کہ موجودہ دور کی حالت ہے تو دعوت کا کام ہر ایک پر بقدرِ استطاعت فرض ہے۔

جب مقام ایسا ہو مثلاً شہر یا قبضہ وغیرہ ہے اور وہاں ایسے اشخاص موجود ہوں اور دعوت و تبلیغ کی ذمہ داری نبھا رہے ہوں اور کافی حد تک اس کام میں مصروف ہوں تو ان کے علاوہ دیگر عوام پر یہ کام سنّت کی حد تک رہ جاتا ہے۔ کیونکہ دوسرے کے ہاتھوں حجت قائم اور اللہ کا حکم و دین نافذ ہو چکا ہے۔ لیکن اللہ کی باقی ماندہ زمین اور بقیّہ لوگوں کی نسبت علماء اُمّت ذمہ دار افراد اور رؤساء و حکّام پر حسبِ ہمّت و طاقت واجب ہے کہ وہ بھی اللہ کے دین کی تبلیغ و اشاعت میں اپنی توانائیوں کو بروے کار لائیں کیونکہ طاقت و قدرت کی حد تک یہ تبلیغ ان پر فرضِ عین ہے۔

ان سطورِ بالا سے معلوم ہوتا ہے کہ دعوت کا فرضِ عین اور فرضِ کفایہ ہونا ایک نسبتی امر ہے جو مختلف نسبتوں کی وجہ سے مختلف ہو جاتا ہے۔ پس اقوام و اشخاص کی نسبت سے دعوت کا کام ان کا فرضِ عین ہے۔ اور اشخاص و اقوام کی نسبت سے ہی ان کے لیۓ اس وقت سنّت ہے جب ان کے مقام و علاقہ میں کوئی ایسا شخص موجود ہو جو اس فریضہ کی ادائیگی میں ہمہ تن مصروف ہو، تو وہ اُن سے کفایت کر گیا۔

حکّام اور وسیع قدرت و استطاعت رکھنے والے افراد (افسران) پر یہ زیادہ واجب ہے اور ان کا فرض ہے کہ وہ دینِ الٰہی کی تبلیغ کریں اور دعوت کے دائرہ کو حسب الامکان ہر اُس علاقے اور ملک تک وسیع کریں جہاں تک انکا اثر و رسوخ اور بس چلتا ہے۔ اِس کے لیۓ وہ ہر ممکن طریقہ اختیار کریں اور لوگ جتنی بھی زندہ زبانیں بولتے ہیں ان سب کو استعمال میں

لائیں۔اُن پر واجب ہے کہ وہ ان تمام زبانوں میں اللہ کے احکام کی تبلیغ کریں یہاں تک کہ اللہ کا دین ہر ایک تک اس کی اپنی زبان میں پہنچ جائے ،اُس کی زبان عربی ہو یا کوئی دوسری۔

یہ کام آج بکثرت طریقوں سے ممکن ہوچکا ہے جن کا ذکر گزر گیا ہے مثلاً ٹیلیویژن، ریڈیو،صحافت اور دیگر ذرائع ابلاغ ونشریاتی وسائل جو آج میسّر ہیں مگر گذشتہ زمانے میں موجود ہی نہ تھے۔

ایسے ہی واعظین اور خطباء پر واجب ہے کہ کانفرنسوں، جلسوں، جمعہ کے خطبات اور تمام اجتماعات میں حسبِ استطاعت اللہ کے دین کی تبلیغ کریں۔طاقت وعلم کے مطابق دینِ الٰہی کی نشریات واشاعت کا اہتمام کریں۔تباہ کن اور مخرّبِ اَخلاق اشیاء کے افشاء،الحاد ولادینیت، ربِّ کائنات اور رسالت کے انکار اور اکثر ممالک میں کرسچن مشنری کے انتشار اور دیگر گمراہ کن دعوتوں یا تحریکوں کے پیشِ نظر موجودہ دور میں دعوت الیٰ اللہ عزّ وجلّ اور تبلیغِ دین عام لوگوں پر فرض اور تمام علماء اور دیندار حکّام پر واجب ہوچکی ہے۔

ان سب کا فرض ہے کہ وہ بقدرِ ہمت اور حسبِ امکان کتابت ومضمون نگاری اور خطابت ومقالہ نویسی سے اللہ کے دین کی تبلیغ کریں، ریڈیو اور دیگر دستیاب وسائل وذرائع کو بروئے کار لائیں۔اِس فریضہ سے پہلو تہی نہ کریں اور نہ ہی **زید وبکر** کے بھروسے پر ہاتھوں پہ ہاتھ رکھے بیٹھے رہیں۔

کسی بھی گزشتہ زمانے کی نسبت موجودہ دور میں اس عظیم فریضہ اور ذمہ داری سے سبکدوش ہونے کے لیئے باہمی تعاون واشتراک اور شانہ بشانہ چلنے کی اشدّ ضرورت ہے۔کیونکہ اللہ کے دشمنوں نے اتحاد واتفاق اور ہر وسیلہ وطریقہ سے باہمی تعاون کے ذریعے لوگوں کو اللہ کی راہ سے روکنے اور اس کے دین میں شکوک وشبہات پیدا کرنے شروع کر رکھے ہیں، اور لوگوں کو ایسے امور کی طرف دعوت دے رہے ہیں جو انہیں اللہ کے دین سے نکال دیں۔لہٰذا تمام اہلِ

اسلام پر واجب ہے کہ وہ ان گمراہ کن اور ملحدانہ سرگرمیوں کا مقابلہ کرنے کے لیۓ اسلامی اخلاق ونظریات پھیلانے اور اسلامی دعوت کو ہر طبقۂ زندگی اور شعبۂ حیات میں عام کرنے کے لیۓ بھرپور جوش وجذبہ سے اٹھ کھڑے ہوں۔ تمام ذرائع ابلاغ ونشریاتی وسائل اور ہر ممکن طریقہ سے کام لیں۔ دعوت الیٰ اللہ کے سلسلہ میں اللہ تعالیٰ نے اپنے بندوں پر جو فرض عائد کیا ہے اُس کی ادائیگی کی یہی ایک شکل ہے۔

② دعوتِ الیٰ اللہ کی فضیلت

دعوت اور دعاۃ کی فضیلت کے بارے میں بیشمار آیاتِ قرآنی اور احادیثِ نبوی ﷺ وارد ہوئی ہیں۔ اِسی طرح نبی اکرم ﷺ کی طرف سے داعی بھیجے جانے کے متعلق بھی بکثرت احادیث موجود ہیں جو اہلِ علم سے مخفی نہیں ہیں۔ قرآنِ پاک میں اللہ تعالیٰ کا ارشادِ گرامی ہے:

﴿وَمَنْ اَحْسَنُ قَوْلًا مِّمَّنْ دَعَا اِلَی اللّٰہِ وَعَمِلَ صَالِحاً وَّقَالَ اِنَّنِیْ مِنَ الْمُسْلِمِیْنَo﴾ (سورۃ حٰمٓ السجدہ:۳۳)

''اُس شخص سے بات میں بہتر کون ہے جو اللہ کی طرف دعوت دیتا اور اچھے عمل کرتا ہے اور کہتا ہے کہ میں مسلمانوں میں سے ہوں۔''

اس آیتِ کریمہ میں مبلّغوں اور داعیوں کی تعریف و تعظیم اور قدر و منزلت بیان کی گئی ہے کہ اُن سے بڑھ کر اچھا کون ہے؟ جبکہ اُن کے سربرآوردہ لوگ انبیاء ورسل علیہم الصلوٰۃ والسلام ہیں۔ پھر اُن کے بعد انہی کی راہ پر چلنے والے علماءِ کرام ہیں جو حسبِ علم وفضل اور دعوت میں حصّہ لینے کے اعتبار سے مختلف درجات ومراتب کے حامل ہیں۔

اے اللہ کے بندے! آپ کے لیۓ یہی شرف کیا کم ہے کہ آپ بھی رسولوں کے نقشِ

قدم پر چلنے والے اور اُس آیتِ کریمہ کے مصداق بن جائیں جس میں ارشادِ الٰہی ہے:

﴿وَمَنْ اَحْسَنُ قَوْلًا مِّمَّنْ دَعَا اِلَى اللّٰهِ وَعَمِلَ صَالِحاً وَقَالَ اِنَّنِیْ مِنَ الْمُسْلِمِیْنَ٥﴾ (سورۃ حٰمٓ السجدہ:۳۳)

''اُس شخص سے بات میں بہتر کون ہے جو اللہ کی طرف دعوت دیتا اور اچھے عمل کرتا ہے اور کہتا ہے کہ میں مسلمانوں میں سے ہوں۔''

اِس کا مطلب یہ ہے کہ اُس مبلّغ و داعی سے بہتر کوئی شخص بھی نہیں ہے کیونکہ وہ اللہ کی طرف دعوت دیتا اور لوگوں کی راہنمائی کرتا ہے اور جس چیز کی طرف وہ دعوت دیتا ہے، اُس پر خود عمل کر کے بھی دکھلاتا ہے، یعنی اُس نے حق کی طرف دعوت دی اور خود اُس پر عمل کیا۔ باطل کو بُرا بھلا کہا اور خود اُس سے حذر و احتیاط برتی، اُسے چھوڑ دیا اور ساتھ ہی اُس نے یہ بھی صراحت کردی کہ وہ جس چیز پر عمل پیرا ہے اس پر نادم نہیں ہے بلکہ اپنے اُوپر اللہ کی یہ نعمت ہونے پر رشک و فرحت کا اظہار کرتے ہوئے کہا:

﴿اِنَّنِیْ مِنَ الْمُسْلِمِیْنَ﴾

''کہ میں مسلمانوں میں سے ہوں۔''

وہ اُس آدمی کی طرح نہیں جو اِسے اپنے لیئے ننگ و عار سمجھ کر ہٹ جاتا ہے اور اُسے یہ اچھا نہیں لگتا کہ کوئی اُسے مسلمان کہے، یا یہ کہ وہ فلاں آدمی کی خوشامد اور فلاں شخص سے تعلّق بڑھانے کی خاطر اسلام کی طرف دعوت دیتا ہے۔ وَلَا حَوْلَ وَلَا قُوَّةَ اِلَّا بِاللّٰهِ ۔۔ بلکہ وہ مؤمن، داعی الی اللہ اور قویّ الایمان ہوتا ہے۔ علیٰ وجہ البصیرت اللہ کے احکام کی اطاعت کرتا ہے، حقوق اللہ کی وضاحت و صراحت کرتا اور دعوت الیٰ اللہ کے کام میں پوری سرگرمی سے کام لیتا ہے۔ جس بات کی طرف دعوت دیتا ہے، اُس پر عمل کرنے والا اور جس بات سے روکتا ہے خود اس سے انتہائی دور رہنے والا ہو جاتا ہے۔ اِس کے باوجود وہ بلند بانگ اعلان کرتا ہے کہ وہ مسلمان ہے

اور اسلام کی طرف دعوت دیتا ہے، اِس پر رشک کرتا اور شاداں وفرحاں ہوتا ہے۔
جیسا کہ ارشادِ ربّانی ہے:

﴿قُلْ بِفَضْلِ اللّٰهِ وَبِرَحْمَتِهٖ فَبِذٰلِكَ فَلْيَفْرَحُوْا وَهُوَ خَيْرٌ مِّمَّا يَجْمَعُوْنَ﴾ (سورۃ یونس:۵۸)

''کہہ دیجیئے کہ اللہ کے فضل اور اس کی رحمت سے، پس چاہیئے کہ وہ اِسی کے ساتھ خوش ہوں، اور وہ ہر اُس چیز سے بہتر ہے جسے تم جمع کر کے رکھتے ہو۔''

اللہ کی رحمت پر فرحت کا احساس، فرحتِ رشک اور فرحتِ سرُور ہے اور یہ جائز ومشروع ہے، البتہ ممنوع فرحت وہ ہے جو کبر ونخوت اور غرور وتکبّر کے ساتھ ہو۔ یہ قطعاً ممنوع ہے جیسا کہ اللہ تعالیٰ نے قارون کے قصّہ میں ارشاد فرمایا ہے:

﴿لَا تَفْرَحْ اِنَّ اللّٰهَ لَا يُحِبُّ الْفَرِحِيْنَ﴾ (سورۃ القصص:۷۶)

''مت خوش ہو، بے شک اللہ تعالیٰ زیادہ خوش ہونے والوں کو پسند نہیں کرتا۔''

یہ لوگوں کے ساتھ تکبّر وتعلّی اور ان پر اپنی عظمت ورفعت جمانے کی فرحت وخوشی ہے اور یہی وہ خوشی ہے جس سے روکا گیا ہے۔ مگر فرحتِ رشک اور اللہ کے دین پر کیف وسرُور کی فرحت، ہدایتِ الٰہی پر فرحت اظہار کرنا اور خوشی منانا مشروع، لائقِ ستائش اور مستحقِ تعریف ہے۔

یہ آیت: ﴿وَمَنْ اَحْسَنُ قَوْلًا﴾ دعوت وتبلیغ کی فضیلت پر دلالت کرنے والی آیات میں سے واضح ترین آیت ہے جو یہ بتاتی ہے کہ دعوت الیٰ اللہ قربِ الٰہی کے حصول کے لیئے اہم ترین عمل اور افضل ترین اطاعت ہے، اور دعوت وتبلیغ کا کام کرنے والے لوگ عزت

وشرف کی انتہائی بلندیوں اور رفعتوں کو پہنچے ہوئے ہوتے ہیں۔اوران سب کے سربرآوردہ اور کامل ترین شخص خاتم النبیّین ،امام الانبیاء اورسیّد الرسل ہمارے پیغمبر حضرت محمدِ مصطفیٰ ﷺ ہیں۔

دعوت الی اللہ کی فضیلت کے متعلق ہی اللہ تعالیٰ کا ارشاد ہے:

﴿قُلْ هٰذِهٖ سَبِيْلِيْٓ اَدْعُوْٓا اِلَى اللّٰهِ عَلٰى بَصِيْرَةٍ اَنَا وَمَنِ اتَّبَعَنِيْ﴾ (سورة يوسف: ١٠٨)

''کہہ دیجیئے کہ میری راہ یہ ہے کہ میں اور میری اتباع کرنے والے ہم علیٰ وجہِ البصیرت اللہ تعالیٰ کی طرف دعوت دیتے ہیں۔''

اس آیت میں اللہ سبحانہٗ وتعالیٰ نے بیان فرمایا ہے کہ رسول ﷺ بصیرت کے ساتھ دعوت دیتے ہیں۔اور ایسے ہی آپ ﷺ کے نقشِ قدم پر چلنے والے بھی علیٰ وجہِ البصیرت دعوت دیتے ہیں۔اس میں بھی دعوت کی فضیلت بتائی گئی ہے،اور یہ بتایا گیا ہے کہ رسولُ اللہ ﷺ کے نقشِ پا پر چلنے والے بھی علیٰ وجہِ البصیرت دعوت دیتے ہیں۔اور یہ بتایا گیا ہے کہ رسولُ اللہ ﷺ کے نقشِ پا پر چلنے والے بھی صاحبِ بصیرت ہوتے ہیں۔اور''بصیرت''وہ علم ہے جو ان تمام امور پر حاوی ہے جن کی طرف وہ دعوت دیتا یا جن سے وہ روکتا ہے۔اِس سے بھی دعاۃ ووعاظ کی فضیلت اور عزت وشرف کا پتہ چلتا ہے۔نبی اکرم ﷺ نے ایک حدیث میں فرمایا ہے:

((مَنْ دَلَّ عَلٰى خَيْرٍ فَلَهٗ مِثْلُ اَجْرِ فَاعِلِهٖ)) [3]

''بھلائی کی طرف دعوت دینے والے کے لیئے بھی اس پر عمل کرنے

[3] ابوداؤد،ترمذی،مسند احمد،صحیح الجامع للالبانی ۲/ ۱۰۷۱ ،مشکوٰۃ بتحقیق البانی: ۲۰۹

والے جیسا اجر وثواب ہے۔''

ایک اور ارشادِ نبوی ﷺ ہے:

((مَنْ دَعَا اِلٰی هُدىً كَانَ لَهٗ مِنَ الْاَجْرِ مِثْلَ اُجُوْرِ مَنْ تَبِعَهٗ لَا يُنْقِصُ ذَالِكَ مِنْ اُجُوْرِهِمْ شَيْئًا وَمَنْ دَعَا اِلٰی ضَلَالَةٍ كَانَ عَلَيْهِ مِنَ الْاِثْمِ مِثْلَ آثَامِ مَنْ تَبِعَهٗ لَا يُنْقِصُ ذَالِكَ مِنْ آثَامِهِمْ شَيْئًا)) [4]

''جس نے ہدایت کی طرف دعوت دی، اس کے لیئے بھی اتنا ہی ثواب ہے جتنا اس پر عمل پیرا ہونے والوں کا ہے۔ یہ ان کے اجر میں سے کوئی کمی نہیں کرے گا اور جس نے گمراہی کی طرف دعوت دی، اُسے اتنا ہی گناہ ہوگا جتنا اس پر عمل کرنے والوں کا ہے۔ اور یہ ان کے گناہ سے بھی کوئی کمی نہیں کرے گا۔''

یہ حدیث بھی دعوت الی اللہ عزّ وجلّ کی فضیلت پر دلالت کرنے والی ہے اور رسول اللہ ﷺ کی صحیح حدیث ہے کہ آپ ﷺ نے حضرت علی رضی اللہ عنہ سے مخاطب ہوکر فرمایا:

((فَوَاللّٰهِ لَاَنْ يَّهْدِيَ اللّٰهُ بِكَ رَجُلًا وَّاحِدًا خَيْرٌ لَّكَ مِنْ اَنْ يَّكُوْنَ لَكَ حُمُرُ النَّعَمِ)) [5]

''اللہ کی قسم اگر اللہ تیرے ذریعے کسی ایک آدمی کو بھی ہدایت بخش دے تو یہ تیرے لیئے سرخ اونٹوں سے بھی بہتر ہے۔''

یہ حدیث بھی دعوت وتبلیغ کی فضیلت بتاتی اور اُس عظیم بھلائی کا پتہ دیتی ہے جو اس پر

---

[4] مختصر صحیح مسلم: ۱۸۶۰، ابوداؤد، ترمذی، نسائی، ابن ماجه، دارمی، صحیح الجامع ۲/ ۱۰۷۱، الصحیحه للالبانی: ۸۶۵

[5] متّفق علیه وابوداؤد، مسنداحمد. صحیح الجامع: ۱/ ۳۱۶، ۲/ ۱۱۹۳

عمل پیرا ہونے میں ہے کہ داعی و مبلّغ کو بھی اتنا ہی اجر دیا جائے گا جتنا کہ اس کے ہاتھوں ہدایت پانے والوں کو ملے گا، چاہے وہ کروڑوں کی تعداد میں ہی کیوں نہ ہوں۔

اے مبلّغ و داعی! تجھے بھی اُن سب کے اجر جتنا ہی اجر وثواب ملے گا۔

اے داعی الیٰ اللہ! تجھے یہ خیرِ کثیر اور اجرِ عظیم مبارک ہو۔

اس حدیث سے یہ بھی واضح ہوتا ہے کہ رسولُ اللہ ﷺ کو آپ ﷺ کے تمام پیروؤں کے اجر کے برابر اجر ملے گا۔ سُبْحَانَ اللّٰہِ ۔۔۔ یہ کس قدر عظیم نعمت ہے کہ ہمارے نبی ﷺ قیامت تک آنے والے اپنے تمام متّبعین کے اجر وثواب جتنا بدلہ دیئے جائینگے۔ کیونکہ آپ ﷺ نے ان تک اللہ تعالیٰ کا پیغام پہنچایا اور بھلائی کی طرف اُن کی راہنمائی کی۔ آپ ﷺ پر لاکھوں درود وسلام ہوں۔

اسی طرح ہی دیگر تمام انبیاء و رسل علیہم الصلوٰۃ والسلام بھی اپنے پیروؤں کے اجر وثواب جتنا بدلہ دیئے جائیں گے۔

اور اے داعی! ایسے ہی ہر زمانہ میں تمہیں بھی تمہاری شوخیٔ نقشِ پا پر چلنے والوں اور تمہاری دعوت کو قبول کرنے والوں کے اجر وثواب جتنا بدلہ ملے گا۔ لہٰذا اس خیرِ عظیم کو غنیمت سمجھو اور دعوت و تبلیغ کے لیئے بلا تاخیر کمر بستہ ہو جاؤ۔

③ دعوتِ الیٰ اللہ کی کیفیّتِ ادا اور اسکا اسلوب

دعوت و تبلیغ کی کیفیّت اور اسکا اسلوب کیا ہو؟ اس بات کی وضاحت اللہ تعالیٰ نے قرآنِ کریم میں فرمائی ہے اور اُس کے نبی ﷺ کی سنّت میں بھی اس کی نشاندہی کی گئی ہے۔ اس سلسلہ میں واضح ترین نص اللہ تعالیٰ کا یہ ارشادِ گرامی ہے:

﴿اُدْعُ اِلٰی سَبِیْلِ رَبِّکَ بِالْحِکْمَةِ وَالْمَوْعِظَةِ الْحَسَنَةِ وَجَادِلْهُمْ

بِالَّتِیْ هِیَ اَحْسَنُ﴾ (سورۃ النحل:۱۲۵)

''اپنے رب کے راستہ کی طرف حکمت اور نیک نصیحت کے ساتھ دعوت دیں اوران کے ساتھ اچھی بات سے جھگڑا مجادلہ (مناظرہ) کریں۔''

اِس آیت میں اللہ سبحانہٗ وتعالیٰ نے وہ کیفیت بیان فرمادی ہے کہ جس سے ہر داعی متّصف اور جس پر ہر مبلّغ عمل پیرا ہو سب سے پہلے وہ حکمت ودانائی کے ساتھ دعوت وتبلیغ کا آغاز کرے۔اور''حکمت'' سے مراد مخاطب کے ذہن کو اپیل اور اسے قائل کرنے والے روشن دلائل ہیں جو حق کو واضح کرنے والے اور باطل شکن ہوں۔یہی وجہ ہے کہ بعض مفسّرین نے ''بالحکمة'' کا معنیٰ بالقرآن کیا ہے۔کیونکہ قرآنِ پاک عظیم حکمت ودانائی کا منبع وسرچشمہ ہے کہ اس میں کامل ترین شکل میں حق کا بیان اوراس کی وضاحت موجود ہے۔اور بعض مفسّرینِ کرام نے''بالحکمة'' کا معنیٰ بِالْاَدِلَّةِ مِنَ الْکِتَابِ وَالسُّنَّةِ یعنی قرآن وسنّت کے دلائل کے ساتھ کیا ہے۔

بہر حال''حکمت''ایک عظیم کلمہ ہے جسکا معنیٰ''علم وبصیرت کے بل بوتے پر واضح ومُسکت اور کاشفِ حق دلائل کے ساتھ دعوت الیٰ اللہ کا منصب ادا کرنا'' ہے۔اور یہ ایک مشترک کلمہ ہے جس کے متعدد وبکثرت معانی ہیں اسکا اطلاق نبوّت ،علم ودانش،تفقّہ فی الدّین،عقل وخرد،ورع وتقویٰ اور دیگرکئی اشیاء پر ہوتا ہے۔

بقول امام شوکانی رحمہٗ اللہ تعالیٰ''حکمت''دراصل وہ امر ہے جو سفاہت وبیوقوفی سے روکتا ہے اوراسی کا نام ہے حکمت۔لہٰذا حکمت کا معنیٰ یہ بنا کہ''ہر وہ کلمہ اور ہر وہ بات جو تجھے بیوقوفی ونادانی سے روک دے اور باطل سے باز رکھے،ایسے ہی ہر واضح ،صریح اور صحیح بات فی نفسہٖ حکمت ہے۔پس قرآنی آیات اس بات کی سب سے زیادہ مستحق ہیں کہ انہیں حکمت کا نام دیا جائے اور کتاب اللہ کے بعد صحیح سنّت (احادیثِ صحیحہ) بھی حکمت کے نام سے موسوم ہونے

کی سب سے زیادہ حقدار ہیں۔ سنّت کو خود اللہ تعالیٰ نے اپنی عظیم کتاب قرآنِ پاک میں حکمت کا نام دیا ہے۔ جیسا کہ ارشادِ باری تعالیٰ ہے:

﴿وَيُعَلِّمُهُمُ الْكِتَابَ وَالْحِكْمَةَ﴾　　(سورة البقرہ:۱۵۱)

''اور وہ (نبی ﷺ) انہیں کتابِ الٰہی اور حکمت سکھلاتے ہیں۔''

یہاں **الحکمة** کا معنیٰ سنّت ہے۔ اور اللہ سبحانہٗ تعالیٰ کا فرمان ہے:

﴿يُؤْتِي الْحِكْمَةَ مَنْ يَشَآءُ وَمَنْ يُؤْتَ الْحِكْمَةَ فَقَدْ أُوتِيَ خَيْرًا كَثِيرًا﴾　　(سورة البقرہ:۲۶۹)

''اور وہ (اللہ) جسے چاہتا ہے حکمت سے سرفراز کرتا ہے اور جس شخص کو حکمت عطا کی گئی وہ خیرِ کثیر دیا گیا۔''

واضح اور روشن دلائل بھی ''حکمت'' کے نام سے موسوم ہونگے اور حق کو ظاہر کرنے والے واضح کلام کو بھی ''حکمت'' کا نام دیا جاتا ہے۔ جیسا کہ سابقہ سطور میں گزر چکا ہے۔

اور اسی سے ہی ''**الحکمة**'' حا اور کاف مفتوح یعنی لگام ہے جو گھوڑے کے منہ میں ہوتی ہے۔ اسے حکمہ کا نام اس لیئے دیا گیا ہے کہ گھوڑ سوار جب اس لگام کو کھینچتا ہے تو وہ گھوڑے کو پیہم چلتے رہنے سے روک دیتی ہے تو گویا حِکمت ایک ایسا کلمہ ہے کہ جو شخص اسے سن لے وہ اسے روّشِ باطل پر چلتے رہنے سے روک دیتا ہے، حق کو اخذ کرنے، اُس سے اثر پذیر ہونے اور اللہ عزّ وجلّ کی مقرر کردہ حدود کا پاس کرنے کی دعوت دیتا ہے۔ داعی کو چاہیئے کہ وہ حکمت کیساتھ دعوت دے، اسی کے ساتھ آغاز کرے اور اسی کا اہتمام کیئے رہے۔

اگر مدعوّ ومخاطَب جفا کرے اور اُس کے پاس بعض اعتراضات بھی ہوں تو اُسے آیات واحادیث کے ''مواعظِ حسنہ'' کے ساتھ دعوت دیں، جن میں وعظ ونصیحت اور ترغیب ہو، اور اگر اس کے پاس کوئی شُبہ ہو تو اس کے ساتھ احسن طریقہ سے ''مجادلہ ومناظرہ'' کریں۔ اُس

کے ساتھ سختی سے کام نہ لیں، بلکہ صبر کا دامن تھامے رکھیں، اور جلد بازی نہ کریں، نہ ہی تشدّد کو اپنائیں بلکہ عمدہ اسلوب کے ساتھ اسکا شُبہ زائل کرنے اور دلائل کو واضح کرنے کی کوشش کریں۔

اے داعی و مبلّغ!

اسی طرح آپ کو یہ بھی چاہیے کہ صبر و تحمّل کا شیوہ اختیار کریں اور جبر و تشدّد کا رویہ نہ اپنائیں کیونکہ انتفاع بالحق کا یہ اقرب ترین ذریعہ ہے۔اللہ تعالیٰ نے جب حضرت موسیٰ وہارون علیہما الصلوٰۃ والسلام کو فرعون کی طرف بھیجا تو اُنہیں حکم فرمایا کہ اُسے نرم بات کہیں، حالانکہ وہ سب سے بڑا باغی وسرکش تھا۔حضرت موسیٰ وہارون علیہما السلام کو اللہ تعالیٰ نے حکم دیا:

﴿فَقُوْلَا لَہٗ قَوْلًا لَّیِّناً لَّعَلَّہٗ یَتَذَکَّرُ اَوْ یَخْشیٰ﴾   (سورۃ طٰہ: ۴۴)

''اُسے نرم بات کہو شاید کہ وہ نصیحت حاصل کرے یا ڈر جائے۔''

اور اللہ تعالیٰ نے اپنے محبوب پیغمبر حضرت محمد ﷺ کے بارے میں ارشاد فرمایا:

﴿فَبِمَا رَحْمَۃٍ مِّنَ اللّٰہِ لِنْتَ لَھُمْ وَلَوْ کُنْتَ فَظًّا غَلِیْظَ الْقَلْبِ لَانْفَضُّوْا مِنْ حَوْلِکَ﴾   (سورۃ آل عمران:۱۵۹)

''اے میرے پیغمبر! آپ اللہ کی رحمت سے ان کے لیٔے نرم دل ہو گئے اور اگر آپ تُند خو اور سنگدل ہوتے تو یہ لوگ آپ کے آس پاس سے دور بھاگ جاتے۔''

اس سے معلوم ہوا کہ دعوت کا حکیمانہ اسلوب اور جادۂ مستقیم یہ ہے کہ داعی و واعظ، دعوت و تبلیغ میں صاحبِ حکمت اور اس کے اسلوب و انداز کے سلسلہ میں صاحبِ بصیرت ہو۔عُجلت و جلد بازی سے کام نہ لے اور نہ ہی تشدّد و سختی کرے، بلکہ حکمت و دانائی سے، آیات

واحادیث میں سے واضح وحق رسا بات، موعظۂ حسنہ اور احسن جدال ومناظرہ کے ساتھ دعوت دے۔ یہی وہ اسلوب ہے جو دعوت وارشاد کے لیئے آپ کو اختیار کرنا چاہیئے۔

ناواقفیت کے ساتھ میدانِ دعوت میں کام کرنا فائدہ مند نہیں ہوتا بلکہ اُلٹا مضِر ہے۔ اس کا تفصیلی بیان اِن شآءاللہ داعی کے اوصاف کے ذکر میں آئے گا کیونکہ دلائل کی عدم واقفیت کے ساتھ دعوت دینا گویا علم کے بغیر اللہ پر بات تھوپنا ہے۔ ایسے ہی جبر وتشدّد کے ساتھ دعوت دینے کا نقصان اور ضرر اس سے بھی فزوں تر ہے۔ دعوت وتبلیغ کا وہی اسلوب اختیار کرنا واجب ومشروع ہے جو اللہ تعالیٰ نے سورۃ النحل کی اُس آیت میں بیان فرمایا ہے جس میں ارشادِ الٰہی ہے:

﴿اُدْعُ اِلٰی سَبِیْلِ رَبِّكَ بِالْحِكْمَةِ وَالْمَوْعِظَةِ الْحَسَنَةِ وَجَادِلْهُمْ بِالَّتِیْ هِیَ اَحْسَنُ﴾ (سورة النحل:۱۲۵)

’’اپنے رب کے راستہ کی طرف حکمت اور نیک نصیحت کے ساتھ دعوت دیں اور ان کے ساتھ اچھی بات سے جھگڑا مجادلہ (مناظرہ) کریں۔‘‘

ہاں اگر مدعو ومخالف کی طرف سے حقد وعناد اور ظلم وزیادتی ظاہر ہو تو اس وقت مخاطب پر سختی کرنے میں کوئی ممانعت نہیں ہے۔ جیسا کہ اللہ تعالیٰ کا فرمان ہے۔

﴿یٰاَیُّهَا النَّبِیُّ جَاهِدِ الْكُفَّارَ وَالْمُنٰفِقِیْنَ وَاغْلُظْ عَلَیْهِمْ﴾

(سورة التحریم:۹)

’’اے نبی! (ﷺ) کفّار ومنافقین کے ساتھ جہاد کریں اور ان پر سختی کریں۔‘‘

اور ارشادِ ربّانی ہے:

﴿وَلَا تُجَادِلُوْا اَهْلَ الْكِتٰبِ اِلَّا بِالَّتِیْ هِیَ اَحْسَنُ اِلَّا الَّذِیْنَ

ظَلَمُوْا مِنْهُمْ﴾ (سورة العنکبوت:۴۶)

''اور اہلِ کتاب کے ساتھ اچھی بات سے مجادلہ ومناظرہ کریں، سوائے اُن لوگوں کے جواُن میں سے ظالم ہوں۔''

④ دعوت کس چیز کی طرف؟

وہ کیا چیز ہے کہ جس کی طرف دعوت دی جائے؟ وہ کونسا امر ہے جو دعاۃ ومبلّغین پر واجب ہے کہ اس کی لوگوں کے سامنے خوب خوب وضاحت کریں؟ جیسا کہ انبیاء ورسل علیہم الصلوٰۃ والسلام نے اُسے واضح فرمایا۔

وہ اللہ کی سیدھی راہ ''صراطِ مستقیم'' ہے۔ جو اللہ کا دینِ حق ہے، اور یہی محلِ دعوت وتبلیغ ہے جیسا کہ اللہ سبحانہٗ وتعالیٰ کا ارشاد ہے۔

﴿اُدْعُ اِلٰی سَبِیْلِ رَبِّكَ﴾ (سورة النحل:۱۲۵)

''اپنے رب کی راہ کی طرف دعوت دیں۔''

اللہ تعالیٰ کی سبیل اور راہ اسلام ہے۔ یہی صراطِ مستقیم اور یہی اللہ کا دین ہے جس کے ساتھ اللہ تعالیٰ نے حضرت محمد ﷺ کو مبعوث فرمایا۔ اسی کی طرف دعوت دینا واجب ہے نہ کہ کسی کے مذہب یا رائے کی طرف، بلکہ صرف اللہ کے دین، اللہ کے صراطِ مستقیم کی طرف جو اللہ نے اپنے نبی وخلیل حضرت محمد ﷺ کو دے کر بھیجا۔ قرآنِ عظیم اور رسولُ اللہ ﷺ سے ثابت شدہ صحیح سنّت واحادیث اسی چیز پر دلالت کرتی ہیں۔

اِس دعوت میں سب سے پہلی اور سرے کی چیز صحیح عقیدہ، اخلاص لِلّٰہ، عبادت میں اللہ کی وحدانیّت، اُس کے رسولوں اور روزِ قیامت پر ایمان اور ہر اُس بات پر ایمان لانے کی دعوت دینا ہے جو اللہ اور اُس کے رسول ﷺ نے بتائی ہے۔ یہی صراطِ مستقیم کی اساس وبنیاد

ہے اور یہی اللہ کی وحدانیت ۔ **لَآ اِلٰهَ اِلَّا اللّٰهُ** ۔

اور اس کا مطلب ، اللہ کی توحید ، اخلاص وللّٰہیّت اور اللہ تعالیٰ اور اس کے انبیاء ورسل علیہم الصلوٰۃ والسلام پر ایمان لانے کی طرف دعوت دینا ہے۔

اللہ تعالیٰ اور اس کے رُسل نے سابقہ حالات ، آئندہ واقعات ، قیامت ، آخری زمانہ اور قربِ قیامت کے متعلق جو جو خبر دی ہے ، اُن سب امور پر ایمان لانے کی طرف دعوت دینا بھی اسی میں شامل ہے۔ اللہ تعالیٰ کے فرائض نماز پڑھنا ، زکوٰۃ ادا کرنا ، رمضان المبارک کے روزے رکھنا اور بیت اللہ شریف کی زیارت وحج کرنا وغیرہ بھی اِسی میں داخل ہے۔

جہاد فی سبیل اللہ ، امر بالمعروف ونہی عن المنکر ، طہارت ، نماز ، باہمی لین دین کے معاملات ، نکاح ، طلاق ، قانونِ جُرم وسزا ، نان ونفقہ ، جنگ وامن اور وہ تمام امور جن کی انسان کو ضرورت پیش آتی رہتی ہے۔ ان سب میں احکامِ شریعت کو اختیار کرنے کی طرف دعوت دینا بھی اُسی کا جزء ہے۔

ایسے ہی داعی ومبلّغ اخلاقِ حسنہ اور اعمالِ صالحہ کی طرف دعوت دے ، بداخلاقی اور بدعملی سے روکے ، یہ ذمّہ داری نبھانا عبادت ہے اور قیادت بھی۔ میدانِ دعوت وتبلیغ میں کام کرنے والا شخص عابد ہوگا اور قائد بھی ، یہ عمل عبادت ہے اور حکمت بھی ، یوں وہ داعی ومبلّغ عابد وغازی اور روزہ دار ہوگا ، اور شریعتِ الٰہیّہ کے احکام کی رو سے فیصلے کرنے اور اس کے احکام کو نافذ کرنے والا حاکم بھی ہوگا۔

یہ عملِ دعوت وارشاد عبادت ہے اور جہاد بھی۔ داعی ومبلّغ اللہ کی طرف دعوت دے ، اور اللہ کے دین سے بغاوت وسرتابی کرنے والوں کے ساتھ جہاد بھی کرے۔ وہ حاملِ قرآن ہو اور شمشیر بکف بھی۔

قرآنِ پاک کے معنیٰ میں غور وفکر اور تامّل وتدّبر کرے اور اسکے احکام کو طاقت

وقوت کے ساتھ نافذ کرے اور اگر ضرورت پڑے تو بزورِ شمشیر بھی ان کا نفاذ عمل میں لائے۔ دعوت وتبلیغ کا کام سیاست ہے اور معاشرت بھی۔ داعی ومبلّغ عمدہ اخلاق، ایمانی قوّت اور مسلمانوں کے باہمی اتحاد واتفاق کی طرف دعوت دے۔ جیسا کہ ارشادِ الٰہی ہے:

﴿وَاعۡتَصِمُوۡابِحَبۡلِ اللّٰہِ جَمِیۡعاً وَّلَا تَفَرَّقُوۡا﴾

(سورة آل عمران:۱۰۳)

''اللہ کی رسی کو مضبوطی سے پکڑے رکھو اور افتراق وانتشار کا شکار مت ہو۔''

اللہ کا دین۔ اسلام۔ باہمی اتحاد واتفاق اور ایسی صالح وحکیمانہ سیاست کا داعی ہے جو یکجہتی ویگانگت پیدا کرے نہ کہ تفرقہ وعداوت، جو لوگوں کو باہمی شِیر وشکر کرے نہ کہ متباعد ومتنفّر اور جو صفاءِ قلبی وآئینہ دلی، اخوّتِ اسلامی کے احترام، برّ وبھلائی، تقویٰ واچھائی پر تعاون اور بندگانِ الٰہ کے ساتھ برّ وبھلائی کی تعلیم دیتا ہے۔

داعی ومبلّغ، امانت کی ادائیگی، شرعی احکام کی رُو سے فیصلہ کرنے اور غیر منزّل مِنَ اللہ کے ساتھ فیصلہ نہ کرنے کی طرف دعوت دے۔ جیسا کہ اللہ عزّ وجلّ کا ارشاد ہے:

﴿اِنَّ اللّٰہَ یَاۡ مُرُکُمۡ اَنۡ تُؤَدُّوۡاالۡاَمَانَاتِ اِلٰی اَھۡلِھَا وَاِذَ حَکَمۡتُمۡ بَیۡنَ النَّاسِ اَنۡ تَحۡکُمُوۡابِالۡعَدۡلِ﴾ (سورة النسآء:۵۸)

''اللہ تمہیں حکم دیتا ہے کہ امانتیں ان کے مالکوں کو پہنچا دو اور جب تم لوگوں میں کوئی فیصلہ کرو تو عدل وانصاف کے ساتھ فیصلہ کرو۔''

دعوت وارشاد کا کام جسطرح سیادت وعبادت اور جہاد ہے، ویسے ہی یہ سیاسیات واقتصادیات بھی ہے۔

مرشد وواعظ کو چاہیئے کہ وہ شرعی اور متوسّط اقتصادی نظام کی طرف دعوت دے نہ کہ

غاصبانہ و ظالمانہ سرمایہ داری نظام کی طرف جو حلال وحرام کی پرواہ کیئے بغیر ہر جائز و ناجائز طریقہ سے مال جمع کرنے کا سبق دیتا ہے اور نہ ہی بے دین و ملحدانہ اشتراکی نظام (Socialisam) کی طرف جو عوام کو ان کے اپنے اموال اور ذاتی املاک کا بھی کوئی حق نہیں دیتا بلکہ ان پر ظلم و استبداد اور جبر و تشدّد اس کی ایک ادا ہے۔ نہ یہ ازم نہ وہ ازم بلکہ اسلامی اقتصادی نظام اِن دونوں اِزموں کے مابین، اِن دونوں راستوں کے وسط میں اور ان دونوں باطلوں کے درمیان صرف خود ایک ہی نظامِ حق ہے۔

اقوامِ مغرب نے دولت کی پرستش و تعظیم کی، اِس کی محبت میں غلوّ کیا۔ اِسے جمع کرنے کے لیئے دیوانگی کی حد تک انتہاء پسندی سے کام لیا، یہاں تک کہ اسے ہر ہر آڑے ترچھے ہتھکنڈے سے جمع کیا، حتّٰی کہ اللہ تعالیٰ کے حرام کردہ ذرائع اختیار کرنے سے بھی کوئی گریز نہ کیا۔

دوسری طرف مشرقی ملحدینِ سوویت یونین (روس) اور اس کے خوشہ چین پیروکاروں نے عوام کی ذاتی دولت و املاک کا احترام نہ کیا بلکہ ان سے چھین چھپٹ کر بحق حکومت جمع و ضبط کرلیں۔ اس سلسلہ میں انہوں نے اپنی غاصبانہ کارگزاری اور ظالمانہ رویّہ کی پرواہ نہ کی بلکہ عوام کو زرخرید غلام بنالیا۔ ان پر جبر و اکراہ کو روا رکھا۔ اللہ کے ساتھ کفر کیا۔ تمام ادیانِ عالَم کا انکار کرگئے اور یہ نعرہ لگادیا:

(لَا اِلٰهَ وَالْحَيَاةُ: مَادَةٌ)

”کوئی اِلٰہ و معبود نہیں اور زندگی صرف دولت اور پیسے کا نام ہے۔“

ان مشرقی ملحدوں نے دولت کے حصول و ہوس میں اسے حرام ذرائع سے کمانے کی بھی قطعاً کوئی پرواہ نہ کی۔ مال و زر کی بہتات میں آکر انسانی اقدار کی تباہی و ضیاع کو بھی خاطر میں نہ لائے۔ لوگوں میں عجیب و بے ہنگم کیفیّت پھیلادی کہ وہ فطری ذرائع سے کسب و انتفاع اور اپنی توانائیوں، عقول و دانش اور اللہ کے عطا کردہ ساز و سامان اور نعمتوں سے استفادہ نہ کرسکیں۔ نہ

سرمایہ داری (نظام) روا ہے نہ یہ (سوشلزم) بجا۔ بلکہ اسلام نے مال و دولت کی حفاظت کا پیغام دیا ہے اور ظلم و زیادتی، دھوکہ وفریب، سُود اور لوگوں پر جبر و تعدّی سے قطعاً پاک، جائز و شرعی ذرائع سے اکتسابِ دولت و زر کی تعلیم دی ہے اور فرد و جماعت دونوں کی اَملاک کا حق تسلیم کیا ہے۔ اس طرح اسلام دونوں ازموں، دونوں اقتصادی نظاموں اور دجل وفریب کے دونوں طریقوں کے مابین ایک راہِ اعتدال ہے۔ اس نے مال و زر کو مباح قرار دیا، اسے کمانے کی دعوت ترغیب دی اور ایسے حکیمانہ طریقوں سے کمانے کی تعلیم دی کہ جو کمانے والے کو اللہ اور اس کے رسول ﷺ کی اطاعت اور فرائض کی ادائیگی سے بھی نہ روک سکیں، چنانچہ ارشادِ الٰہی ہے:

﴿يَاَيُّهَا الَّذِيْنَ آمَنُوْا لَاتَاْكُلُوْااَمْوَالَكُمْ بَيْنَكُمْ بِالْبَاطِلِ﴾

(سورة النسآء:۲۹)

''اے ایمان والو! اپنے مال و دولت کو آپس میں باطل طریقہ سے مت کھاؤ۔''

اور نبی اکرم ﷺ کا ارشاد ہے:

((كُلُّ الْمُسْلِمِ عَلَى الْمُسْلِمِ حَرَامٌ دَمُهٗ وَمَالُهٗ وَعِرْضُهٗ)) ۶

''ہر مسلمان کا خون، مال اور عزت دوسرے مسلمان پر حرام ہے۔''

اور حجۃ الوداع کے موقع پر فرمایا تھا:

((اِنَّ دِمَائَكُمْ وَاَمْوَالَكُمْ وَاَعْرَاضَكُمْ عَلَيْكُمْ حَرَامٌ كَحُرْمَةِ يَوْمِكُمْ هَذَا فِىْ شَهْرِكُمْ هَذَافِىْ بَلَدِكُمْ هَذَا)) ۷

---

۶ مختصر صحیح مسلم بتحقیق الالبانی: ۱۷۷۵، ابوداؤد، ترمذی، ابن ماجه، مسنداحمد. صحیح الجامع ۲/ ۸۳۰، ۱۱۳۶، ۱۲۱۳، ارواء الغلیل: ۲۴۵۰

۷ صحیح مسلم، ابوداؤد، نسائی. صحیح الجامع ۱/ ۴۱۴

''بے شک تمہارے خون ،اموال اور عزّ تیں تم پر اُسی طرح حرام ہیں جس
طرح کہ اِس شہر اور اِس ماہ میں آج کے دن کی حُرمت ہے ۔''

اور ارشادِ رسالت مآب علیہ الصلوٰۃ والسلام ہے :

((لَاَنۡ یَّاۡ خُذَاَحَدُکُمۡ حَبۡلَہٗ فَیَاۡتِیۡ بِحَذۡمَۃٍ مِنۡ حَطَبٍ عَلٰی ظَھۡرِہٖ
فَیَبِیۡعُھَا فَیَکُفَّ بِھَا وَجۡھَہٗ مِنۡ سُؤَالِ النَّاسِ اَعۡطَوۡہُ
اَوۡمَنَعُوۡہُ)) ۸

''تم میں سے ایک شخص اپنی رسی پکڑے اور اپنی پیٹھ پر لا د کر لکڑیوں کا گٹھا
لائے ، پھر اسے بیچ کر پیٹ پالے اور اپنے چہرے کو لوگوں سے سوال (کی
ذلّت) کرنے سے بچائے (یہی بہتر ہے کیونکہ لوگوں کا کیا ہے) اسے
کچھ دیں یا نہ دیں ۔''

اور جب نبی اکرم ﷺ سے سوال ہوا''اَیُّ الۡکَسۡبِ اَطۡیَبُ؟'' پا کیزہ کمائی کونسی ہے؟
تو آپ ﷺ نے فرمایا :

((عَمَلُ الرَّجُلِ بِیَدِہٖ وَکُلُّ بَیۡعٍ مَبۡرُوۡرٍ)) ۹

''آدمی کی ہاتھ کی کمائی اور دھو کہ و فریب سے پاک تجارت''

اور رسولِ رحمت ﷺ نے فرمایا :

((مَا اَکَلَ اَحَدٌ طَعَامًا اَفۡضَلَ مِنۡ اَنۡ یَّاۡکُلَ مِنۡ عَمَلِ یَدِہٖ وَکَانَ

---

۸ بخاری ،مسنداحمد ،ابن ماجہ عن النبیربن العوام ﷜ (ومثلہٗ فی)بخاری،
مسلم ،نسائی عن ابی ہریرہ ﷜ ،صحیح الجامع: ۲/ ۸۹۹
۹ معجم طبرانی کبیر واوسط عن ابن عمررضی اللہ عنھما ومسند بزار ،معجم طبرانی
اوسط عن رافع بن خَدِیج ﷜ ،صحیح الترغیب و الترھیب للالبانی: ۳۰۵،۳۰۶ /۲

نَبِيُّ اللّٰه دَاوٗدَ يَاْكُلُ مِنْ عَمَلِ يَدِهٖ)) [10]

''تم میں سے کسی نے اپنے ہاتھ کی کمائی سے زیادہ پاکیزہ کوئی کھانا نہیں کھایا اور اللہ کے نبی حضرت داوٗد علیہ السلام اپنے ہاتھ سے کما کر کھایا کرتے تھے۔''

یہ احادیث ہمیں بتاتی ہیں کہ اسلام کا مالی واقتصادی نظام ایک متوسّط نظام ہے، جو نہ تو اہلِ مغرب اور ان کے پیروؤں والے ظالمانہ سرمایہ داری نظام جیسا ہے اور نہ ہی ملحد سوشلسٹوں کے نظام سے ملتا ہے جنھوں نے لوگوں کے اموال غصباً چھین لیئے۔ اُن کے مالکوں کی حرمت و ناموس بھی پامال کی گئی۔ اور کسی قسم کی کوئی پرواہ نہ کی۔ عوام کو غلام بنالیا اور ان کی شخصیت کو بھی مٹا کے رکھ دیا۔ اور اللہ کی حرام کردہ اشیاء کو حلال بنالیا۔

اس کے برعکس اسلام میں آپ کو حق حاصل ہے کہ مال و دولت کمائیں، اُسے جائز و شرعی ذرائع سے حاصل کریں۔ آپ اپنے اُس مال وزر کے اوّلین مستحق ہیں جسے آپ نے اللہ تعالیٰ کے مشروع کردہ اور مباح طریقہ سے کمایا۔

اسلام اخوّتِ ایمانی، اللہ سے اخلاص اور اس کے بندوں کے ساتھ خلوص و خیر خواہی کا بھی داعی ہے اور یہ کہ ہر مسلمان اپنے مسلمان بھائی کا احترام کرے، بددیانتی، حسد و بُغض، دجل و فریب، خیانت اور ایسے ہی دیگر مذموم اخلاق و عادات سے باز رہے۔

جیسا کہ اللہ تعالیٰ کا ارشادِ گرامی ہے:

﴿وَالْمُؤْمِنُوْنَ وَالْمُؤْمِنٰتُ بَعْضُهُمْ اَوْلِيَآءُ بَعْضٍ يَاْمُرُوْنَ بِالْمَعْرُوْفِ وَيَنْهَوْنَ عَنِ الْمُنْكَرِ وَيُقِيْمُوْنَ الصَّلٰوةَ وَيُؤْتُوْنَ الزَّكٰوةَ وَيُطِيْعُوْنَ اللّٰهَ وَرَسُوْلَهٗ اُولٰٓئِكَ سَيَرْحَمُهُمُ اللّٰهُ اِنَّ اللّٰهَ

[10] بخاری و مسند احمد، صحیح الجامع ۲/ ۹۷۲

عَزِيزٌ حَكِيمٌ۝﴾ (سورة التوبه:۷۱)

''اور مؤمن مرد و زن ایک دوسرے کے دوست ہوتے ہیں، وہ اچھائی کا حکم دیتے اور برائی سے منع کرتے ہیں۔ وہ نماز پڑھتے، زکوٰۃ ادا کرتے اور اللہ اور اس کے رسول (ﷺ) کی اطاعت کرتے ہیں۔ یہی وہ لوگ ہیں جن پر اللہ تعالیٰ رحم فرمائے گا۔ اللہ غالب اور حکمت والا ہے۔''

اور فرمانِ رب العزّت ہے:

﴿إِنَّمَا الْمُؤْمِنُونَ إِخْوَةٌ فَأَصْلِحُوا بَيْنَ أَخَوَيْكُمْ وَاتَّقُوا اللّٰهَ لَعَلَّكُمْ تُرْحَمُونَ۝﴾ (سورة الحجرات:۱۰)

''تمام مؤمن آپس میں بھائی بھائی ہیں، اپنے دو بھائیوں میں باہمی صلح کروا دو اور پرہیزگاری اختیار کرو تا کہ تم رحم کیئے جاؤ۔''

اور نبی اکرم ﷺ کا فرمان ہے:

((اَلْمُسْلِمُ اَخُو الْمُسْلِمِ لَا يَظْلِمُهٗ وَلَا يَحْقِرُهٗ وَلَا يَخْذُلُهٗ))[1]

''ہر مسلمان دوسرے مسلمان کا بھائی ہے، وہ نہ اس پر ظلم کرتا ہے اور نہ اسے حقیر سمجھتا ہے اور نہ ہی اُسے ذلیل کرتا ہے۔''

ہر مسلمان دوسرے مسلمان کا بھائی ہے، اُس پر واجب ہے کہ اُس کا احترام کرے، اُس کی تحقیر نہ کرے، اُس کے ساتھ عدل و انصاف سے پیش آئے اور اللہ تعالیٰ نے جو حقوق اُسے دیئے ہیں اُن کی بجا آوری کرے۔

نبی اکرم ﷺ کا فرمانِ گرامی ہے:

---

[1] بخاری، مختصر مسلم: ۱۸۳۰، ابوداؤد، ترمذی، نسائی، مسند احمد، الصحیحة للالبانی: ۵۰۴، صحیح الجامع ۱۱۳۷/۲، ارواء الغلیل للالبانی: ۲۴۵۰

((اَلْمُؤْمِنُ لِلْمُؤْمِنِ كَالْبُنْيَانِ يَشُدُّ بَعْضُهٗ بَعْضًا)) [۱۲]

''ہر مؤمن دوسرے مؤمن کے لیئے ایک دیوار کی مانند ہے، جس کے بعض اجزاء بعض دیگر کو مضبوطی اور سہارا دیتے ہیں۔''

اور ارشادِ نبوی ﷺ ہے:

((اَلْمُؤْمِنُ مِرْاٰةُ اَخِيْهِ الْمُؤْمِنِ)) [۱۳]

''مؤمن اپنے مؤمن بھائی کے لیئے آئینے کی مانند ہے۔''

میرے بھائی! آپ اپنے بھائی کا آئینہ ہیں اور بنیاد کی ایک اینٹ ہیں جس پر اخوّتِ ایمانی کی عمارت قائم ہے، لہٰذا اپنے بھائی کے حقوق کو پہچانو اور اس کے ساتھ حق و صداقت، نصیحت و اخلاص اور صدق و صفائی سے پیش آؤ۔

اور آپ پر یہ بھی واجب ہے کہ اسلام کو مکمل طور پر اپناؤ۔ اس میں سے بعض امور کو اپنا کر بعض اشیاء کو نظر انداز نہ کر جاؤ۔ نہ تو صحیح عقیدہ اختیار کر کے احکام و اعمال کو ترک کرو اور نہ ہی اعمال و احکام کو اپنا کر عقیدہ کو چھوڑ دو بلکہ اسلام کو کلّی طور پر اپناؤ عقیدہ، عمل، عبادت، جہاد، معاشرت، سیاست اور اقتصادی و معاشی امور کے علاوہ تمام شعبہ ہائے زندگی میں اسلامی تعلیمات پر عمل کرو اور اسلام کو ''مِنْ كُلِّ الْوُجُوْه'' (مکمل طور پر) اختیار کرو جیسا کہ ارشادِ ربّانی ہے:

﴿يٰٓاَيُّهَا الَّذِيْنَ اٰمَنُوا ادْخُلُوْا فِى السِّلْمِ كَاۗفَّةً ۠ وَلَا تَتَّبِعُوْا خُطُوٰتِ الشَّيْطٰنِ ۭ اِنَّهٗ لَكُمْ عَدُوٌّ مُّبِيْنٌ﴾ (سورۃ البقرہ:۲۰۸)

''اے ایمان والو! اسلام میں کلّی طور پر داخل ہو جاؤ اور شیطانی چالوں کی پیروی نہ کرو، وہ تمہارا ظاہر دشمن ہے۔''

---

[۱۲] بخاری، مسلم، ترمذی، نسائی. صحیح الجامع ۲/۱۱۲۹-۱۱۳۰

[۱۳] الادب المفرد امام بخاری، ابوداؤد. الصحیحہ: ۹۲۶، صحیح الجامع: ۲/۱۱۳۰

علماءِ سلف کی ایک جماعت نے یہ معنیٰ لکھا ہے کہ السِّلْمِ یعنی اسلام میں پورے طور پر داخل ہو جاؤ۔ اسلام کو سلم اس لیئے کہا جاتا ہے کہ یہ دنیا و آخرت میں امن و سلامتی اور نجات و آشتی کی راہ ہے، یہ امن و سلامتی اور اسلام ہے۔ جب کہ دینِ اسلام امن و آشتی کا داعی ہے۔ شرعی حدود و قصاص اور جہاد فی سبیل اللہ کے سوا کسی کا خون بہانے سے روکتا ہے کیونکہ وہ ہمہ جہت سلم و اسلام اور ہمہ رو امن و ایمان ہے۔ اسی لیئے تو اللہ تعالیٰ بزرگ و برتر کا ارشاد ہے:

﴿اُدْخُلُوْ فِیْ السِّلْمِ کَافَّةً﴾ (سورة البقرہ:۲۰۸)

''اسلام میں مِنْ کُلِّ الْوُجُوْہِ (پورے پورے) داخل ہو جاؤ۔''

یعنی اسلام کے تمام شعبہ جات میں داخل ہو جاؤ ایسا نہ ہو کہ بعض احکام کو لے لو اور بعض دیگر کو چھوڑ دو بلکہ تمہیں چاہیئے کہ مکمل اسلام کو اختیار کرو۔

﴿وَلَا تَتَّبِعُوْا خُطُوَاتِ الشَّیْطٰنِ﴾ (سورة البقرہ:۲۰۸)

''اور شیطان کے قدم بقدم مت چلو۔''

خُطُوَاتِ الشَّیْطٰنِ کا مطلب وہ معاصی اور گناہ ہیں جو اللہ کا دین ترک کرنے کی طرف دعوت دیتے ہیں۔ وہ انسان کا بدترین دشمن ہے، لہٰذا مسلمان پر واجب ہے کہ کلّی اسلام کے ساتھ متمسّک و کاربند رہے مکمل اسلام کو اپنا دین بنائے اور اللہ تعالیٰ کی رسّی کو مضبوطی سے تھامے رکھے اور تفرقہ و اختلافات کے اسباب سے ہر وقت باخبر و محتاط رہے۔

اے داعی و مسلم !

آپ کا فرض ہے کہ عبادات و معاملات، نکاح و طلاق، نفقات و رضاعت، امن و جنگ میں دوست و دشمن کے ساتھ اور جرائم وغیرہ تمام امور میں شریعت الٰہیہ کے مطابق فیصلہ کریں۔ یہ واجب ہے کہ ہر کام میں اللہ تعالیٰ کے دینِ اسلام کو حکم و فصل بنایا جائے۔

اور اس چیز سے بچیں کہ آپ اپنے ایک بھائی کی طرفداری صرف اس بناء پر کریں کہ

اُس نے فلاں موقع پر آپ کی موافقت کی تھی اور دوسرے بھائی کے ساتھ صرف اس بناء پر دشمنی وکدورت رکھیں کہ اُس نے فلاں مسئلہ میں آپ کی مخالفت کی تھی۔ یہ چیزیں انصاف کے منافی ہیں۔صحابۂ کرام رضوان اللہ علیہم اجمعین میں کئی مسائل میں اختلاف رونما ہوا، اِس کے باوجود اُن کی باہمی آئینہ دلی اور دوستی ومحبت میں کوئی فرق نہ آیا۔رَضِیَ اللّٰہُ عَنۡهُمۡ وَاَرۡضَاهُمۡ

مؤمن شریعتِ الٰہیہ پر عمل کرتا، حق کو دین بناتا اور دلیل کی روشنی میں اسے ہر چیز پر مقدّم رکھتا ہے، لیکن اگر کبھی واضح وظاہر دلیل نہ ہونے کی صورت میں مسائل کا اجتہاد واستنباط کرنے میں کسی کی رائے سے اختلاف ہوجائے تو یہ چیز انہیں اس بات پر برانگیختہ نہیں کرتی کہ وہ اپنے کسی بھائی پر ظلم کریں اور انصاف کا دامن ہاتھ سے چھوڑ دیں۔ایسی ہی صورت اُن مسائل میں ہوگی جن میں نص کی تاویل مختلف پیرایہ سے ممکن ہو، ایسی حالت میں اختلاف کرنے والے کو معذور سمجھا جائے گا۔

آپ کا فرض ہے کہ اپنے مخاطَب کو نصیحت وخیر خواہی سے سمجھائیں، اور اس کی بھلائی میں دلچسپی لیں، یہ اختلافاتِ رائے آپ کو عداوت وتفرقہ پر نہ ابھارے کہ آپ دونوں پر ہی شیطان جیسے دشمن کو غالب کردے۔وَلَا حَوۡلَ وَلَا قُوَّةَ اِلَّا بِاللّٰهِ

اسلام دینِ عدل وانصاف، حق وانصاف کے ساتھ فیصلہ دینے والا اور دینِ مساوات ہے، سوائے ان امور کے جو اللہ تعالیٰ نے مستثنیٰ قرار دیئے ہیں۔اِس دین میں ہر بھلائی، مکارمِ اخلاق، حُسنِ اعمال اور عدل وانصاف کی طرف دعوت دی گئی ہے اور تمام اخلاقِ مذمومہ سے دور رہنے اور احتراز کرنے کا حکم دیا گیا ہے۔چنانچہ ارشادِ الٰہی ہے:

﴿اِنَّ اللّٰهَ يَاۡمُرُ بِالۡعَدۡلِ وَالۡاِحۡسَانِ وَاِيۡتَآءِ ذِى الۡقُرۡبٰى وَيَنۡهٰى عَنِ الۡفَحۡشَآءِ وَالۡمُنۡكَرِ وَالۡبَغۡىِ يَعِظُكُمۡ لَعَلَّكُمۡ تَذَكَّرُوۡنَ۝﴾

(سورۃ النحل:۹۰)

’’اللہ تعالیٰ عدل واحسان کرنے اور قرابت داروں کو (خرچے سے مدد) دینے کا حکم کرتا اور فحاشی وبرائی اور بغاوت سے روکتا ہے تاکہ تم نصیحت پکڑو۔‘‘

اور فرمانِ باری تعالیٰ ہے:

﴿یٰاَیُّهَا النَّاسُ اِنَّا خَلَقْنٰكُمْ مِنْ ذَكَرٍ وَّاُنْثٰی وَجَعَلْنٰكُمْ شُعُوْبًا وَّقَبَآئِلَ لِتَعَارَفُوْا اِنَّ اَكْرَمَكُمْ عِنْدَاللّٰهِ اَتْقٰكُمْ اِنَّ اللّٰهَ عَلِیْمٌ خَبِیْرٌ ○﴾ (سورة الحجرات: ۱۳)

’’اے لوگو! ہم نے تمہیں مرد وعورت سے پیدا کیا اور باہمی تعارف اور پہچان پیدا کرنے کی خاطر تمہارے خاندان اور قبیلے بنادیئے، تم میں اللہ کے نزدیک سب سے زیادہ معزّز ومکرّم وہی ہے جو سب سے زیادہ تقویٰ والا ہے۔ بے شک اللہ ہر چیز کا علم اور خبر رکھنے والا ہے۔‘‘

خلاصۂ کلام

دعوت کس بات کی طرف دی جائے؟

اس سلسلہ میں گذشتہ کلام کا خلاصہ یہ ہے کہ داعئ اسلام اور مبلّغِ دین کا فرض ہے کہ وہ کُلّی اسلام کی طرف دعوت دے، لوگوں میں تفرقہ بازی وانتشار کو ہوا نہ دے اور مذہبی وقبائلی تعصّب، اپنے رئیس، اپنے شیخ وامام یا کسی بھی دوسرے تعصّب کا شکار نہ ہو، بلکہ اُس پر واجب یہ ہے کہ حق کو حق کہے، اسی کی وضاحت کرے اور لوگوں کو اسی پر قائم رہنے کی تلقین کرے، چاہے وہ کسی امام، کسی ولی اور کسی بزرگ وپیر کی رائے کے خلاف ہی کیوں نہ ہو۔

جب کوئی ایسا شخص عوام النّاس میں داعی و مبلّغ کا کام کرے جو فقہی مذاہب میں تعصّب کو ہوا دیتا اور کہتا ہو کہ فلاں امام کا مذہب فلاں امام سے اولیٰ و بہتر ہے تو تفرقہ اور اختلافات اُبھر آتے ہیں۔ یہاں تک کہ اسی مذہبی تعصّب کے نتیجہ میں لوگوں کی یہ پوزیشن ہوجاتی ہے کہ وہ کسی ایسے شخص کے پیچھے نماز نہیں پڑھتے جو ان کے اپنے مذہب کا نہ ہو۔ شافعی کسی حنفی کی امامت میں نماز ادا نہیں کرتے اور حنفی کسی مالکی و حنبلی کی اقتداء میں نماز نہیں پڑھتے۔ بعض متعصّب لوگوں سے حقیقتاً ایسا ہوا ہے۔ حالانکہ یہ چیز بہت بُری بلاء اور خُطواتِ شیطان کی اتباع ہے۔ سب آئمۂ کرام آئمۂ ہدایت ہیں، شافعی ہوں کہ مالک، احمد ہوں کہ ابوحنیفہ، اوزاعی ہوں کہ اسحاق بن راہویہ رَحمَۃُ اللّٰہِ عَلَیہِم اَجمَعِین۔ اور ایسے ہی دیگر بزرگان اور اہلِ علم و فضل ہیں۔ یہ سب آئمۂ ہدایت اور دُعاۃِ حق ہیں۔ انہوں نے لوگوں کو اللہ کے دین کی طرف دعوت دی اور بعض اہلِ علم پر دلیل کے مخفی رہنے کی وجہ سے حق میں اختلاف رائے واقع ہوگیا جب کہ حقیقت کو پہنچنے والے مجتہد کے لیئے دو اجر ہیں اور مخطیٔ حق کے لیئے بھی ایک اجر ہے۔

آپ سب کو چاہیئے کہ ان تمام آئمۂ کرام کی قدر و منزلت اور علم و فضل کو پہچانیں، اُن کے لیئے دعائے رحمت کریں اور اس بات کا اعتراف کریں کہ وہ آئمۂ اسلام اور داعیانِ ہدایت تھے۔

اور یہ بات بھی آپ کو بے جا تعصّب اور کورانہ تقلید پر نہ ابھارے کہ آپ کہنے لگیں: ''فلاں کا مذہب بہرحال اولیٰ بالحق ہے، یا فلاں دوسرے کا مذہب اولیٰ ہے، وہ کبھی خطاء نہیں کرتا۔'' یہ ''نہیں'' کا دعویٰ غلط ہے۔

آپ کا فرض ہے کہ جب حق کی دلیل ظاہر ہوجائے تو اسے اپنائیں اور اسی کی اتّباع کریں چاہے وہ فلاں اور فلاں کے مذہب کے خلاف ہی کیوں نہ ہو تعصّب سے دامن بچائیں

اور کور چشمانہ و اندھی تقلید سے بچیں، بلکہ آئمہ کے علم وفضل اور قدر و منزلت کو تسلیم کریں، لیکن اس کے ساتھ ساتھ اپنے نفس اور دین کے لیئے بھی احتیاط سے کام لیں۔ حق کو اپنائیں، اسی کی طرف لوگوں کی راہنمائی کریں اور عندالطلب اسی کے حق میں اپنی رضاء کا ووٹ ڈالیں۔ اللہ تعالیٰ سے ڈرتے رہیں، اُسے ہر لحہ اپنے پیشِ نظر رکھیں۔ اپنے نفس و ایمان کو اس بات سے متصف کریں کہ ''حق ایک ہے۔'' اور مجتہدین اگر صحیح بات کو پہنچ جائیں تو ان کے لیئے دو اجر اور اگر وہ خطا کر جائیں تو بھی ان کے لیئے ایک اجر ہے۔ جیسا کہ رسول اللہ ﷺ سے اس سلسلہ میں صحیح حدیث موجود ہے۔ [14]

اور مجتہدین سے میری مراد اہلسنت کے اہل علم و ایمان اور اہلِ ہدایت مجتہدین ہیں۔

⑤ مقصود و مطلوبِ دعوت

دعوت و تبلیغ کا مطلوب و مقصود اور ہدف:

- ☆ کافر کو ظلمتِ کفر سے نکال کر نورِ ہدایت کی طرف لانا ہے۔
- ☆ جاہل کو جہالت کے اندھیروں سے نکال کر نورِ علم سے روشناس کرانا ہے۔
- ☆ اور گناہوں سے لت پت لوگوں کو گناہ کے اندھیروں سے نکال کر نورِ اطاعت و اتّباع کا عادی بنانا ہے۔

---

[14] مجتہدین کے سلسلے میں جس حدیث کی طرف اشارہ ہے وہ صحیح بخاری: کتاب الاعتصام، صحیح مسلم: کتاب الاقضیہ، ابوداؤد: کتاب الاقضیۃ، ترمذی: کتاب الاحکام، نسائی: کتاب القضاۃ، ابن ماجہ: کتاب الاحکام اور مسند امام احمد بن حنبل ۲/ ۱۸۷، ۴/ ۱۹۸، ۲۰۴، ۲۰۵ میں موجود ہے جس کے الفاظ یہ ہیں۔

((عَنْ عَمْرِوبْنِ الْعَاصِ ؓ قَالَ سَمِعْتُ رَسُوْلَ اللّٰهِ ﷺ يَقُوْلُ: إِذَاحَكَمَ الْحَاكِمُ فَاجْتَهَدَثُمَّ أَصَابَ فَلَهُ أَجْرَانِ وَإِذَاحَكَمَ فَاجْتَهَدَ ثُمَّ أَخْطَأَفَلَهُ أَجْرٌ))

''حاکم جب اجتہاد سے فیصلہ کرکے حقیقت کو پہنچ جائے تو اس کے لیئے دو اجر ہیں اور اگر خطا کر جائے تو بھی اس کے لیئے ایک اجر ہے۔'' (مترجم)

یہی دعوت کا مطلوب و مقصود ہے۔لوگوں کو ظلمات اور تاریکیوں سے نکال کرنور اور روشنی کی طرف لانا اور حق کی طرف ان کی راہنمائی کرنا ہے تاکہ وہ اسے اختیار کریں اور عذابِ جہنّم اور غضبِ الٰہی سے نجات پائیں۔جیسا کہ ارشادِ ربُّ العالمین ہے:

﴿اَللّٰهُ وَلِيُّ الَّذِيْنَ آمَنُوْا يُخْرِجُهُمْ مِنَ الظُّلُمَاتِ اِلَى النُّوْرِ﴾

(سورة البقرہ:۲۵۷)

''اللہ تعالیٰ ایمان والوں کا دوست ہے، وہ انہیں تاریکیوں سے نور کی طرف نکال کرلاتا ہے۔''

انبیاء ورسل علیھم السلام کو اس لیئے مبعوث کیا گیا تاکہ وہ لوگوں کو کُفر وجہالت کے ظلمات سے نکال کرنور میں لے آئیں۔اور داعیانِ حق بھی اسی طرح ہی دعوت وتبلیغ کرتے ہیں اور اس کام میں بڑی سرگرمی کا مظاہرہ کرتے ہیں تاکہ وہ لوگوں کو جہالت ولاعلمی کی گھنگور گھٹاؤں سے نکال کرنور وضیاء میں لاکھڑا کریں،انہیں نارِ جہنم سے بچائیں،شیطان کی اطاعت کے دائرے سے باہر نکالیں اور نفسانی حرص وہوا کی پرستش سے نکال کر اللہ اور اس کے رسول ﷺ کی اطاعت وعبادت کا پابند بنادیں۔

⑥ داعی کے اوصاف

ایک مبلّغ اور داعی الی اللہ کا کون سے اخلاق وعادات اور کن اوصاف وخصائل سے متصف ہونا ضروری ہے؟اِس کی وضاحت اللہ جلّ وعلانے بے شمار آیات میں فرمائی ہے۔

❶ اخلاص:

اوصافِ دعاۃ میں سے ایک چیز تو اخلاص ہے۔داعی ومبلّغ پر واجب ہے کہ اس کا عملِ دعوت وارشاد خالص اور محض اللہ عزّ وجلّ کی رضا وخوشنودی کے لیئے ہو،ریاء،لوگوں کی واہ

واہ اور تعریف وخوشامد کا طلب گار نہ ہو۔ وہ اللہ کی طرف لوگوں کو لِوَجہِ اللہ دعوت دے، اور اس کے پیشِ نظر صرف اللہ بزرگ و برتر کی خوشنودی مطلوب ہو۔

جیسا کہ ارشادِ ربّانی ہے:

﴿قُلْ هٰذِهٖ سَبِيْلِيْٓ اَدْعُوْٓا اِلَى اللّٰهِ عَلٰى بَصِيْرَةٍ اَنَا وَمَنِ اتَّبَعَنِيْ وَسُبْحٰنَ اللّٰهِ وَمَآ اَنَا مِنَ الْمُشْرِكِيْنَ۝﴾ (سورة یوسف:۱۰۸)

”کہہ دیجیے کہ میری راہ یہ ہے۔ میں اور میری اتباع کرنے والے ہم سب علی وجہِ البصیرت ہو کر اللہ کی طرف دعوت دیتے ہیں اور اللہ پاک ہے اور میں مشرکوں میں سے نہیں ہوں۔“

اور فرمانِ باری تعالیٰ ہے:

﴿وَمَنْ اَحْسَنُ قَوْلًا مِّمَّنْ دَعَآ اِلَى اللّٰهِ وَعَمِلَ صَالِحًا وَّقَالَ اِنَّنِيْ مِنَ الْمُسْلِمِيْنَ۝﴾ (سورة حٰمٓ السجدہ:۳۳)

”اُس شخص سے بات میں بہتر کون ہے جو اللہ کی طرف دعوت دیتا اور اچھے عمل کرتا ہے اور کہتا ہے کہ میں مسلمانوں میں سے ہوں؟“

اے داعی و مبلّغ! آپ کے لیئے ازبس ضروری ہے کہ آپ اللہ تعالیٰ کے لیئے مخلص ہوں اخلاق واوصافِ دعاۃ میں سے یہ اہم ترین چیز اور سب سے بڑی صفت ہے کہ آپ میدانِ دعوت وتبلیغ میں لوجہِ اللہ کام کریں، اور محض اللہ کی رضاء وخوشنودی اور دارِ آخرت میں فوز وفلاح آپ کا مطلوب ہو۔

❷ علم:

اوصافِ دعاۃ ومبلّغین میں سے دوسرا وصف یہ ہے کہ آپ دعوت دیتے وقت پہلے خود صاحبِ علم ودلیل ہوں۔ ایسا نہ ہو کہ جس چیز کی دعوت دے رہے ہوں، اس کے متعلق خود آپ

کو پوری واقفیت وعلم نہ ہو۔ چنانچہ ارشادِ الٰہی ہے:

﴿قُلْ هٰذِهٖ سَبِيْلِيْٓ اَدْعُوْٓا اِلَى اللّٰهِ عَلٰى بَصِيْرَةٍ﴾

(سورۃ یوسف:۱۰۸)

"کہہ دیجئے کہ میری راہ یہ ہے۔ میں علیٰ وجہِ البصیرت اللہ کی طرف دعوت دیتا ہوں۔"

گویا علم و بصیرت کے سوا کوئی چارہ نہیں اور حصولِ علم ایک فریضہ ہے۔ (۱۵) ناواقفیت ولاعلمی کی صورت میں دعوت دینے سے احتراز کریں، اور اس بات سے بھی قطعی گریزاں رہیں کہ آپ کوئی ایسا موضوع چھیڑ بیٹھیں جس کے متعلق خود آپ کو وافر معلومات حاصل نہیں۔ کیونکہ ناواقف بگاڑتا تو ہے، سنوارتا کچھ بھی نہیں۔ فساد بپا کرتا ہے، اصلاح نہیں کر پاتا۔

اے اللہ کے بندے! آپ اللہ سے ڈرتے رہیں اور اس بات سے بھی بچیں کہ آپ علم کے بغیر اللہ پر کوئی بات تھوپ دیں۔ آپ کسی چیز کی طرف اُس وقت تک دعوت نہ دیں جب تک اُس کے متعلق اللہ اور اُس کے رسول ﷺ کے ارشادات کا پوری طرح علم اور بصیرت واگاہی نہ حاصل کرلیں۔ بصیرت کے سوا کوئی چارۂ کار نہیں۔ اور یہ ہر عالم، ہر طالبِ علم اور ہر مبلّغ وداعی الی اللہ کی ذمہ داری ہے کہ جس کام کی طرف دعوت دے اُس کے متعلق پہلے خود علم

---

۱۵ اس سلسلہ میں نبی اکرم ﷺ کی بکثرت احادیث موجود ہیں جن میں حصولِ علم اور اہلِ علم حضرات کی فضیلت بیان کی گئی۔ حصولِ علم کی فرضیت کے بارے میں آپ ﷺ کا ارشاد ہے:

((طَلَبُ الْعِلْمِ فَرِيْضَةٌ عَلٰى كُلِّ مُسْلِمٍ))

(ابن ماجه، معجم طبرانی کبیر، اوسط، صغیر، شعب الایمان بیهقی۔ صحیح الجامع ۲/۷۲۷، صحیح الترغیب والترهیب ۱/۱۴۰)

"علم حاصل کرنا ہر مسلمان کا فرض ہے۔" (مترجم)

وبصیرت حاصل کرلے۔ اُس کام اوراُس کی دلیل پر گہری نظر ڈال لے، پھراگراس پرحق ظاہر ہوجائے اور وہ اسے بخوبی پہچان لے اور سمجھ جائے، تب اس کی طرف دعوت دے، چاہے وہ فعل کی ہو یا ترک کی۔ اگراللہ اوراس کے رسول ﷺ کی اطاعت ہوتو اسے اپنانے کی دعوت دے۔ اوراگرکوئی ایسا کام ہوجس سے اللہ اوراس کے رسول ﷺ نے روکا ہے تواس سے باز رہنے (ترک) کی دعوت دے۔ لیکن یہ سب کچھ علم ومعرفت اورفہم وبصیرت کے بل پر ہونا چاہیئے۔

❸ حِلم

اے داعی! آپ میں جس تیسری صفت کا پایا جانا ضروری ہے، وہ میدانِ دعوت وتبلیغ میں آپ کا حلیم الطبع، نرم دل، متحمّل مزاج اورصابر ہونا ہے۔ جیسا کہ رسول ﷺ کا عملی نمونہ ہمارے سامنے ہے۔ جلد بازی وعُجلت اور جبر وتشدّد سے پرہیز کریں۔ دعوت وتبلیغ کے دوران صبر وہمت کواپنائیں، حلم وبُردباری اختیار کریں اورنرمی کا دامن ہاتھ سے نہ جانے دیں۔

اس سلسلہ میں نبی اکرم ﷺ کی بکثرت احادیث موجود ہیں جن میں علم، حصولِ علم، طالبِ علم اوراہلِ علم حضرات کی فضیلت بیان کی گئی ہے۔ حصولِ علم کی فرضیّت کے بارے میں آپ ﷺ کا ارشاد ہے۔

((طَلَبُ الْعِلْمِ فَرِيْضَةٌ عَلٰى كُلِّ مُسْلِمٍ)) (حوالہ سابقہ)

’’علم حاصل کرنا ہرمسلمان کافرض ہے۔‘‘

اس کے بعض دلائل گذشتہ صفحات میں بھی گذر چکے ہیں۔ جیسا کہ اللہ جلّ وعلا کا فرمانِ گرامی ہے۔

﴿اُدْعُ اِلٰى سَبِيْلِ رَبِّكَ بِالْحِكْمَةِ وَالْمَوْعِظَةِ الْحَسَنَةِ وَجَادِلْهُمْ
بِالَّتِيْ هِيَ اَحْسَنُ اِنَّ رَبَّكَ هُوَ اَعْلَمُ بِمَنْ ضَلَّ عَنْ سَبِيْلِهٖ

﴿وَهُوَ اَعْلَمُ بَالْمُهْتَدِيْنَ ٥﴾ (سورة النحل:١٢٥)

''اپنے رب کے راستہ کی طرف حکمت اور نیک نصیحت کے ساتھ دعوت دیں، اوران کے ساتھ اچھی بات سے جھگڑا مجادلہ (مناظرہ) کریں۔ بے شک آپ کا رب اُسکی راہ سے گمراہ ہونے والوں اور ہدایت یافتہ لوگوں کو جاننے والا ہے۔''

اور اللہ سُبحانہٗ وتعالیٰ کا ارشاد ہے:

﴿فَبِمَا رَحْمَةٍ مِّنَ اللّٰهِ لِنْتَ لَهُمْ وَلَوْكُنْتَ فَظًّا غَلِيظَ الْقَلْبِ لَانْفَضُّوا مِنْ حَوْلِكَ فَاعْفُ عَنْهُمْ وَاسْتَغْفِرْلَهُمْ وَشَاوِرْهُمْ فِى الْاَمْرِ فَاِذَا عَزَمْتَ فَتَوَكَّلْ عَلَى اللّٰهِ اِنَّ اللّٰهَ يُحِبُّ الْمُتَوَكِّلِيْنَ٥﴾

(سورة آل عمران:١٥٩)

''اے میرے پیغمبر! آپ اللہ کی رحمت سے ان کے لیئے نرم دل ہوگئے اور اگر آپ تُند خو اور سنگدل ہوتے تو یہ لوگ آپ کے آس پاس سے دور بھاگ جاتے۔ اُن سے درگزر فرمائیں، ان کے لیئے مغفرت طلب کریں اور ان سے مشورہ لیں۔ اور جب آپ کسی کام کا عزم کرلیں تو پھر اللہ پر توّکل کریں، بے شک اللہ تعالیٰ توکّل کرنے والوں کو پسند کرتا ہے۔''

اور حضرت موسیٰ و ہارون علیہما السلام کے واقعہ میں ارشادِ ربّانی ہے:

﴿اِذْهَبْ اِلٰى فِرْعَوْنَ اِنَّهٗ طَغٰى ٥ فَقُوْلَا لَهٗ قَوْلًا لَّيِّنًا لَّعَلَّهٗ يَتَذَكَّرُ اَوْيَخْشٰى ٥﴾ (سورة طٰه: ٤٣-٤٤)

''آپ دونوں فرعون کے پاس جائیں، بے شک وہ سرکش باغی ہے۔ اور اسے نرم بات کہیں شاید کہ وہ نصیحت حاصل کرلے یا ڈر جائے۔''

اور ایک صحیح حدیث میں نبی اکرم ﷺ کا دعائیہ ارشاد ہے:

((اَللّٰھُمَّ مَنْ وَلِیَ مِنْ اَمْرِ اُمَّتِیْ شَیْئًا فَرَفِقَ بِھِمْ فَارْفُقْ بِہٖ وَمَنْ وَلِیَ مِنْ اَمْرِ اُمَّتِیْ شَیْئًا فَشَقَّ عَلَیْھِمْ فَاشْقُقْ عَلَیْہِ)) (حدیث)

’’اے اللہ! جو شخص میری اُمت کے کسی کام کا ذمہ دار بنایا جائے اور وہ ان کے ساتھ نرمی کا سلوک کرے تو بھی اس کے ساتھ نرمی کا سلوک کر، اور جو کوئی میری اُمت کے کسی کام کا والی مقرر ہو اور وہ ان پر سختی کرے، تو تُو بھی اس کے ساتھ سختی کا برتاؤ کر۔‘‘

اے اللہ کے بندے! آپ پر واجب ہے کہ دعوت و تبلیغ کے دوران رِفق و نرمی اختیار کریں، لوگوں پر سختی نہ کریں اور نہ ہی انہیں دین سے دور بھگائیں۔ اپنی سختی و تشدّد، نادانی و جہالت اور مضرّ و تکلیف دہ، سخت اسلوبِ دعوت سے لوگوں کو دین سے متنفّر نہ کریں۔ آپ کے لیئے ضروری ہے کہ آپ حلیم الطبع، صابر و شاکر، نرم دل و نرم زبان، سہل گو اور عمدہ کلام ہوں تا کہ اپنے مخاطب بھائی کے دل پر اثر انداز ہوں اور اس کے دل کو متاثر کر سکیں تا کہ اسے آپ کی دعوت و تبلیغ سے انس و محبت ہو۔ اِس کے لیئے اس کی کشتِ دل ہموار ہو۔ وہ دعوت سے اثر پذیر ہو، اور آپ کے اس کام پر وہ آپ کا مدح سرا اور شکر گزار رہو۔

سختی و تشدّد لوگوں کو متنفّر کرتا اور انھیں قریب نہیں آنے دیتا۔ اُن میں تفرقہ و انتشار پھیلاتا اور انہیں متّفق و متّحد نہیں رہنے دیتا۔

❹ عمل

اخلاق و اوصافِ دعاۃ میں سے چوتھی چیز جس کا ایک داعی و مبلّغ میں ہونا نہ صرف ضروری بلکہ واجب ہے، وہ اس کا اپنی دعوت پر خود پوری طرح سے عمل کرنا ہے۔ اور یہ کہ داعی جن امور کی لوگوں کو دعوت دے، اس کا بہترین، عمدہ اور نیک عملی نمونہ وہ خود ہو۔ اس کا شمار ایسے

لوگوں میں نہیں ہونا چاہیئے جو ایک کام کی طرف دعوت تو دیتے ہیں مگر خود اس پر عمل پیرا نہیں ہوتے، اور ایک چیز سے لوگوں کو روکتے ہیں مگر خود اس کے مرتکب ہوتے ہیں۔ یہ خسارہ پانے والوں کا حال ہے۔ **نَعُوْذُ بِاللّٰہِ مِنْ ذَالِكَ**

مگر نفع و فائدہ اٹھانے والے مؤمنین ایسے داعیانِ حق ہیں جو خود پیکرِ عمل و کردار ہوتے ہیں، عمل میں بڑی سرگرمی سے حصہ لیتے ہیں اور کشاں کشاں اُسی طرف کھچے چلے آتے ہیں اور جن امور سے وہ لوگوں کو باز کرتے ہیں وہ خود ان سے دور بھاگتے اور احتراز کرتے ہیں۔ چنانچہ ارشادِ ربُّ العزت ہے:

﴿يَٰٓاَيُّهَا الَّذِيْنَ آمَنُوْا لِمَ تَقُوْلُوْنَ مَالَا تَفْعَلُوْنَ ۝ كَبُرَ مَقْتًا عِنْدَ اللّٰهِ اَنْ تَقُوْلُوْا مَالَا تَفْعَلُوْنَ ۝﴾ (سورۃ الصف:۲-۳)

”اے ایمان والو! تم وہ بات کیوں کہتے ہو جس پر خود عمل نہیں کرتے؟ یہ اللہ کے نزدیک بہت بڑا گناہ ہے کہ تم ایسی بات کہو جس پر تم خود عمل پیرا نہیں ہو۔“

یہودیوں کے لوگوں کو نیکی کا حکم دینے اور خود اس پر عمل پیرا نہ ہونے پر سرزنش کرتے ہوئے اللہ سُبحانہٗ وتعالیٰ ارشاد فرماتا ہے:

﴿اَتَاْمُرُوْنَ النَّاسَ بِالْبِرِّ وَتَنْسَوْنَ اَنْفُسَكُمْ وَاَنْتُمْ تَتْلُوْنَ الْكِتَابَ اَفَلَا تَعْقِلُوْنَ ۝﴾ (سورۃ البقرہ:۴۴)

”کیا تم لوگوں کو نیکی کا حکم دیتے ہو اور خود کو بھول جاتے ہو؟ حالانکہ تم کتابُ اللہ کی تلاوت بھی کرتے ہو۔ کیا تم عقل سے کام نہیں لیتے۔“

اور نبی اکرم ﷺ کی ایک صحیح حدیث ہے۔ آپ ﷺ فرماتے ہیں:

((يُوْتىٰ بِالرَّجُلِ يَوْمَ الْقِيَامَةِ فَيُلْقىٰ فِى النَّارِ فَتَنْدَلِقُ اَقْتَابُ

بَطْنِهٖ فَيَدُوْرُفِيهَا كَمَا يَدُوْرُ الْحِمَارُ بِالرُّحٰى فَيَجْتَمِعُ عَلَيْهِ اَهْلُ النَّارِ فَيَقُوْلُوْنَ لَهٗ يَا فُلَانُ! مَالَكَ اَلَمْ تَكُنْ تَاْمُرُ بِالْمَعْرُوْفِ وَتَنْهٰى عَنِ الْمُنْكَرِ ،فَيَقُوْلُ بَلٰى كُنْتُ آمُرُكُمْ بِالْمَعْرُوْفِ وَلَا آتِيْهِ وَاَنْهَاكُمْ عَنِ الْمُنْكَرِ وَآتِيْهِ))

''قیامت کے دن ایک آدمی لایا جائے گا، اور اسے آگ میں پھینک دیا جائے گا، اس کے پیٹ کی انتڑیاں باہر نکل آئیں گی۔ وہ ان کے اردگرد اس طرح گھومے گا جیسے گدھا چکی کے گرد گھومتا ہے۔ اہلِ جہنّم وہاں جمع ہوجائیں گے، اور اُسے کہیں گے کہ کیا ہوا؟ کیا تم نیکی کا حکم نہ دیتے اور برائی سے نہ روکتے تھے؟ وہ کہے گا ہاں میں تمہیں تو برائی سے روکتا تھا، مگر خود نہیں رکتا تھا مگر خود اُس سے باز نہیں رہتا تھا۔''

یہ ایسے شخص کا حال ہے جو اللہ کی طرف دعوت دیتا ہے، بھلائی کا حکم دیتا ہے اور برائی سے باز کرتا ہے، پھر اسکا اپنا قول ہی اس کے فعل اور اس کا فعل اس کے اپنے قول کے متضاد ومخالف ہوتا ہے۔ نَعُوْذُ بِاللّٰهِ مِنْ ذَالِكَ

مبلّغ وداعی کے اہم ترین اور عظیم اوصاف میں سے یہ ہے کہ وہ جس بات کی دعوت دے اس پر خود بھی عمل کرے اور جن امور سے لوگوں کو روکے، اُن سے خود بھی باز رہے۔ وہ اپنی دعوت و تبلیغ میں اخلاقِ حسنہ، عمدہ سیرت و کردار، صبر و ہمت، ضبط و تحمل اور اخلاص کا پیکر ہو۔ ایسے امور جو لوگوں کی بھلائی پر مشتمل ہیں اور انہیں باطل سے دور کرتے ہیں، ان کی وضاحت میں کوشاں رہے۔ اور اس کے ساتھ ساتھ ان کے لیئے ہدایت کی دعاء بھی کرتا رہے۔ اپنے مخاطب سے کہے۔

(هَدَاكَ اللّٰهُ وَوَفَّقَكَ اللّٰهُ لِقَبُوْلِ الْحَقِّ)

''اللہ آپ کو ہدایت بخشے اور حق کو قبول کرنے کی توفیق عنایت فرمائے۔''

اور اسے کہے:

(اَعَانَکَ اللّٰہُ عَلٰی قَبُوْلِ الْحَقِّ)

''اللہ تعالیٰ قبولِ حق کے لیئے آپ کی مدد فرمائے۔''

اُسے مسلسل دعوت دیتا اور اس کی راہنمائی کرتا رہے، اور اگر مخاطب سے ایذاء پہنچے تو اس پر صبر کرے اور اس کے لیئے پھر بھی ہدایت کی دعاء ہی مانگے۔ جب رسول اللہ ﷺ کو بتایا گیا کہ قبیلۂ بنی دوس نے حق کی نافرمانی کی ہے تو آپ ﷺ نے فرمایا:

((اَللّٰھُمَّ اھْدِ دَوْساً وَآتِ بِھِمْ))[16]

''اے اللہ! بنی دَوس کو ہدایت عطا فرما، اور انہیں جادۂ حق پر لے آ۔''

اے داعی ومبلّغ!

آپ بھی اپنے مخاطب کے لیئے ہدایت اور قبولِ حق کی توفیق کے لیئے دعاء گو رہیں۔ صبر وہمّت اور ضبط وتحمّل کا دامن ہاتھ سے نہ چھوڑیں، مایوس وناامید نہ ہوں اور اپنی زبان سے کلمۂ خیر کے سوا کچھ نہ نکالیں۔ سختی اور تشدّد سے کام نہ لیں اور نہ ہی منہ سے کوئی بُری بات نکالیں، کیونکہ یہ چیز لوگوں کو حق سے متنفر کردیتی ہے۔ البتہ اگر کوئی مخاطَب ظلم وزیادتی اور جبر وتعدّی پر ہی اُتر آئے تو اس کا علاج الگ ہے۔ چنانچہ ارشادِ الٰہی ہے:

﴿وَلَا تُجَادِلُوْا اَھْلَ الْکِتَابِ اِلَّا بِالَّتِیْ ھِیَ اَحْسَنُ اِلَّا الَّذِیْنَ ظَلَمُوْا مِنْھُمْ﴾ (سورۃ العنکبوت:۴۶)

''اور اہلِ کتاب کے ساتھ اچھی بات سے مجادلہ ومناظرہ کرو، سوائے اُن

---

[16] صحیح بخاری: ۴۳۹۲، صحیح مسلم: ۲۵۲۴، ابوداؤد ۲/۲۴۳، الصحیح المسند من فضائل الصحابہ رضی اللہ عنہم، ص ۵۱۸ تالیف: ابوعبداللہ مصطفیٰ العدوی طبع دار ابن عفّان الخبر

لوگوں کے جواُن میں سے ظالم قسم کے ہوں۔''

البتہ وہ ظالم جو دعوت وتبلیغ کا مقابلہ شرّ وعناد اور ایذاء رسانی سے کرے، اُس کا الگ حکم ہے۔ اُسے ادب سکھلانے اور مہذّب بنانے کے لیئے اُسے پس دیوارِ زنداں بھی کیا جاسکتا ہے۔ اُس کی تأدیب وتہذیب اس کے درجۂ ظلم وزیادتی کے مطابق ہوگی۔ مگر جب تک وہ ایذاء رسانی سے رُکا رہے، آپ کے لیئے ضروری ہے کہ صبر وضبط سے کام لیں، اور اللہ سے اجر وثواب کی امید رکھیں۔ اس کے ساتھ احسن طریقوں سے مجادلہ ومناظرہ کرتے رہیں۔ اور اگر آپ کو اس سے شخصی طور پر کوئی ایذاء پہنچے تو درگزر کریں، جیسا کہ اللہ کے رسولوں اور ان کے مخلص پیروکاروں نے صبر کیا۔

اللہ عزّ وجلّ سے دعاء ہے کہ وہ ہم سب کے لیئے حُسنِ دعوت کی توفیق ارزاں کرے، ہمارے قلوب اور اعمال کی اصلاح فرمائے، ہم سب کو اپنے دین کی صحیح سمجھ اور اس پر ثابت قدمی بخشے۔ ہمیں ہدایت یافتہ، ہادی ورہبر اور اصلاح شدہ مُصلح وریفارمر بنائے۔ وہ صاحبِ جلال وعظمت، بلند وبالا اور سخی وکریم ہے۔

وَصَلَّى اللّٰهُ عَلَيْهِ وَسَلَّمَ وَبَارَكَ عَلٰى عَبْدِهٖ وَرَسُوْلِهٖ نَبِيِّنَا مُحَمَّدٍ وَعَلٰى آلِهٖ وَاَصْحَابِهٖ وَاَتْبَاعِهٖ بِاِحْسَانٍ اِلٰى يَوْمِ الدِّيْنِ۔

(علاّمہ) عبدالعزیز بن عبداللہ بن بازؒ

الرئيس العام لادارات البحوث العلمية

والافتاء والدعوة والارشاد۔الرياض

(سعودی عرب)